Johanna Meusel

VA BENE

Der kommunikative Italienischkurs

Band 1

Schlüssel zum Arbeitsbuch

Max Hueber Verlag

6. 5. 4. | Die letzten Ziffern bezeichnen
1999 98 97 96 95 | Zahl und Jahr des Druckes.
Alle Drucke dieser Auflage können, da unverändert, nebeneinander benutzt werden.
2. Auflage 1989

Satz: Typographie Dreitausend, München
Druck: Allgäuer Zeitungsverlag, Kempten
Printed in Germany
ISBN 3-19-075136-6

Inhalt

Hinweise für den Benutzer

Der Schlüssel zum Arbeitsbuch zu Va Bene 1 ist als Kontrollinstrument für die selbständige Arbeit des Italienischlernenden außerhalb des Gruppenunterrichts gedacht. Er gibt sowohl Lernern, die den im Unterricht erarbeiteten Stoff wiederholen wollen als auch solchen, die versäumte Unterrichtsstunden überbrücken müssen, Gelegenheit, ihren Lernerfolg zu überprüfen. Wichtig ist dabei, daß der Schlüssel wirklich nur zur Kontrolle von geleisteter Arbeit herangezogen und nicht schon vorher konsultiert wird. Dies gilt für alle Übungen, zu denen wir im Schlüssel Lösungsvorschläge anbieten, insbesondere aber für die Hörverständnisübungen: Sie verschenken die Chance, echtes Hörverständnis zu trainieren, wenn Sie die Texte nachlesen, bevor Sie das Verständnis in der vorgeschlagenen Weise selbst erarbeitet haben.

Das Arbeitsbuch enthält sehr unterschiedliche Übungstypen:

- für Übungen, deren vorrangiges Ziel der Erwerb formaler Kenntnisse ist, finden Sie im Schlüssel die komplette Lösung;
- für freiere Übungen, die dem Lerner einen gewissen Ausdruckspielraum lassen, haben wir eine Musterlösung ausgearbeitet, wobei auch andere Versionen möglich sind. Solche Übungen sind mit einem Sternchen gekennzeichnet;
- nur für Übungen, deren Lösung dem Lerner völlig freigestellt ist, haben wir auf Vorschläge verzichtet. Dies betrifft allerdings nur einen sehr kleinen Prozentsatz des Übungsmaterials.

Und hier noch ein paar Formalien:

- Alternativlösungen und Ergänzungen sind in runden Klammern angegeben, z. B.: Qual è il Suo nome? (Come si chiama?)
- verschiedene Antwortmöglichkeiten zu einer Aufgabe sind durch Schrägstriche voneinander abgegrenzt, z. B. Unità 2, Übung 3: a. 1./3. bedeutet, daß sowohl Antwort 1 als auch Antwort 3 richtig ist.
- Sprecherwechsel bei Dialogen wird durch Gedankenstrich angezeigt. Wenn innerhalb eines Sprechparts mehrere Wörter einzusetzen sind, haben wir sie durch Strichpunkt voneinander getrennt, z. B. Unità 1, Übung 16: a. sono; la b. è siciliana; sei siciliano - io; di ...

Und nun, viel Erfolg beim Lernen!

Unità 1

3.

a. Franco, Francesca, Enrica, Camilla, Cecco, Celestino, Concetto, Frederica, Narcisa, Cosima, Costanzo

b. Mario! – Mario? Ah, il signor Piacentini!
Martina! – Martina? Ah, la signora Bacci!
Nicola! – Nicola? Ah, il signor Cucinetta!
Andrea! – Andrea? Ah, il signor Piccardi!
ecc. . . .

4.

– Permette? Il signor Musi.
La signora Cardella.
– Piacere, signor Musi.
– Piacere, signora Cardella.

6.

a. sei – sono; tu – di
b. è – lei; i
c. La; è – di – il – Lui

7.

a. – Permette? Sono Mario (il signor) Bagnasco, e Lei?
– Sonia Occhipinti. Molto piacere, signor Bagnasco.
– (Lei) è di Roma, vero?
– No, sono di Bracciano. E Lei?
– Io sono di Verona.

b. – Tu sei Carla Onorati, vero?
– No, (io) sono Pia Scarpa, di Pisa. E tu?
– Sono Francesco Turi.
– Sei di Pisa anche tu?
– No, (io) sono di Siracusa.

8.

a. *tu*
– Lei è il signor Vecchi, vero?
– Sì.
– È di qui?
– No, sono di Piacenza.

b. *Lei*
– Sei di Firenze, vero?
– Sì, anche tu?
– Io no, sono di Lucca.

c. *tu*
– Ma Lei è il signor Zacchi, vero?
– Sì, ma Lei…
– Sono la signorina Esposito (Piera Esposito).
– Ma sì! La signorina Esposito!

9.

a. 1. / 2. / 5. / 7. / 10.
b. 3. / 4. / 6. / 8. / 9.

10.

a. E lei, chi è? **b.** E tu, chi sei? **c.** E lui, chi è? **d.** E loro, chi sono? **e.** E tu, chi sei? **f.** E lei, chi è? **g.** E loro, chi sono? **h.** E tu, chi sei? **i.** E lui, chi è? **j.** E tu, chi sei? **k.** E loro, chi sono? **l.** E lui, chi è?

11.

a. 3., **b.** 1., **c.** 4., **d.** 2.

12.

a. No, non è di Trento, è …
b. No, non sono americana, sono …

c. No, non è svizzero, è …
d. No, non sono di Napoli, sono …
e. No, non è di qui, è …
f. No, non sono austriaca, sono …
g. No, non sono di Trento, sono …
h. No, non è romano, è …
i. No, non sono sarda, sono …
j. Ma no, non è di Palau, è …

13.

a. tedesca – francese **b.** inglese – americano **c.** italiana – svizzera **d.** romana; napoletano **e.** austriaca – tedesca **f.** tedesco – francese

14.

a. è – sono – è – Sono **b.** sono – è **c.** Sei – sono; sono – è – è **d.** sei – Sono

15.

a. la – la **b.** il – il **c.** il – la **d.** i – il **e.** i **f.** la – il

16.

a. sono; la **b.** è siciliana; sei siciliano – io; di **c.** I; di – no; Sono **d.** Sei – non; di; sono **e.** è francese – di – i – Sono; loro

17.

a. 3. **b.** 4. **c.** 6. **d.** 2. **e.** 1. **f.** 5.

18.

a. Di dove sono … **b.** Di dov'è … **c.** Di dove sono … **d.** Di dov'è … **e.** Di dove sono … **f.** Di dov'è … **g.** Di dove sono … **h.** Di dov'è …

19.

a. è – Sono (Il mio nome è); Lei (come si chiama Lei)? **b.** La; di – il; lui – dov' – Lei

20.

– No, non sono la signora Sandri. (No, il mio nome non è Sandri.)
– Piacere, signora Tralli. E io sono il signor Reichel.
– È di qui (*oder:* Name einer deutschen Stadt)? (Lei non è di qui, vero?)

Unità 2

2.

a. Il signor_e_ è nat_o_ _a_ Dresda, _in_ Germania: è tedesc_o_.
b. La signor_a_ è nat_a_ _a_ New York, _in_ America: è american_a_.
c. Il signor_e_ è nat_o_ _a_ Parigi, _in_ Francia: è frances_e_.
d. La signorin_a_ è nat_a_ _a_ Belgrado, _in_ Jugoslavia: è jugoslav_a_.
e. Il signor_e_ è nat_o_ _a_ Basilea, _in_ Svizzera: è svizzer_o_.
f. Michael è nat_o_ _a_ Salisburgo, _in_ Austria: è austriac_o_.
g. Mary è nat_a_ _a_ Londra, _in_ Inghilterra: è ingles_e_.
h. Gianna è nat_a_ _a_ Lugano, _in_ Ticino: è svizzer_a_.
i. Gino e Franco sono nat_i_ _a_ Genova, _in_ Italia: sono italian_i_.
j. I Gambino sono nat_i_ _a_ Palermo, _in_ Sicilia: sono sicilian_i_.
k. Kati e Susanne sono nat_e_ _a_ Zurigo, _in_ Svizzera: sono svizzer_e_.
l. Anne e Colette sono nat_e_ _a_ Lione, _in_ Francia: sono frances_i_.

3.

a. 1./3. **b.** 1./2. **c.** 1./5. **d.** 1./2./5.

4.

- Il Suo nome, per favore!
- Carlo Hausbrandt.
- Scusi, non capisco…
- Hausbrandt.
- Ma Lei non è di qui, vero?
- Ma sì, sono di Trieste!
- Ma Hausbrandt non è un nome italiano, no?
- No, è un nome tedesco. La mia famiglia è originaria di Monaco di Baviera. Ma mio padre è nato qui.
- Allora… Lei è tedesco o è italiano?
- Mah… io sono europeo!

a. vero **b.** falso **c.** vero **d.** falso **e.** vero **f.** falso

5.

la Sua – non – sono – è – sono; nata – è; in – da – con – mio; Lui; per

6.

di – in – a; per – da – da – in; a – di (*oder:* nata a); a; per

7.

a. 1./2./3./4. **b.** 1./4.

8.

a. il Suo – la mia – la Sua **b.** la Sua – Sua – mia **c.** il mio **d.** il suo – suo; sua **e.** La tua – Mio; mia **f.** Tua – mio

9.

2. … abita ad Agrigento. – E dov'è Arigento? – In Sicilia!
3. … abita a Reggio di Calabria. – E dov'è Reggio di Calabria? – In Calabria!
4. … abita a Foggia. – E dov'è Foggia? – In Puglia!
5. … abita a Caserta. – E dov'è Caserta? – In Campania!
6. … abita a Vicenza. – E dov'è Vicenza? – In (Nel) Veneto!
7. … abita a Perugia. – E dov'è Perugia? – In Umbria!
8. … abita a Pistoia. – E dov'è Pistoia? – In Toscana!
9. … abita a Genova. – E dov'è Genova? – In Liguria!
10. … abita a Vercelli. – E dov'è Vercelli? – In Piemonte!
11. … abita a Piacenza. – E dov'è Piacenza? – In Emilia-Romagna!
12. … abita a Como. – E dov'è Como? – In Lombardia!

10a.

1. La signorina si chiama Chiara Gucci; abita a Fiumicino, ma lavora a Roma. Non parla tedesco.
2. Il signore si chiama Jürgen Roth; abita a Cento, ma lavora a Bologna. Parla italiano.
3. Il signore si chiama Guerino Vigna; abita a Heidelberg, ma lavora a Mannheim. Parla tedesco.
4. La signorina si chiama Gianna Ceppi; abita a Pegli, ma lavora a Genova. Non parla francese.
5. La signora si chiama Giulia Baggi; abita e lavora a Parigi. Parla francese.
6. Il signore si chiama Vincenzo Geri; abita a Bagheria, ma lavora a Palermo. Non parla inglese.

11.

Sono qui a Cervia da __un__ mese. Sono in __una__ pensione. Alla pensione abita anche Margret, __una__ studentessa svizzera. È qui con la sua famiglia, __una__ famiglia molto simpatica! E qui abita anche il signor Peri, __un__ insegnante di tedesco. È di Roma, ma abita a Milano da *un* anno. Lui è solo con i bambini. La signora è a Perugia per *una* o due settimane. È tedesca e parla italiano solo *un* poco.

12.

a. – Siete sol*i* qui? No, siamo qui con alcun*i* amic*i* tedesch*i*: student*i* e medic*i* di Bonn.

b. – Per quant*o* temp*o* siete qui? – Per sei settiman*e*! – Allora buon*e* vacanz*e*!

c. – Quant*e* lingu*e* parla? – Molt*e*! Italian*o*, ingles*e* e frances*e*.

d. – Da quant*i* ann*i* tua madre abita a Parma? – Già da sei ann*i*! Ma lavora alla pensione Doria solo da poch*i* mes*i*.

e. – Siamo qui solo da poch*i* giorn*i*. E voi? – Siamo qui da alcun*e* settiman*e*.

f. – Mi*a* figli*a* Giuseppina è babysitter in una famiglia frances*e* con due bambine piccol*e* di tre e quattro ann*i*.

13.

a. 6. **b.** 7. **c.** 5. **d.** 8. **e.** 3. **f.** 4. **g.** 2. **h.** 1.

14.

a. è – è – siamo – siete – siamo

b. sei – siamo – siete – sono – sei

c. sono – sono – sei – sono

15.

Mi chiamo Sofia Loren, sono italiana, di Napoli, ma abito a Parigi.

Il mio nome è Carol Woytila. Non sono italiano, ma abito e lavoro a Roma.

Siamo Leo e Rosalba Giuffridda. Siamo italiani di Calatafimi. Leo abita a Mühlheim ed io, Rosalba, abito con i bambini in Sicilia.

Siamo Alice e Ellen Kessler. Non siamo italiane, ma tedesche, di Düsseldorf. Già da molti anni siamo in Italia per lavoro, a Milano e a Roma.

16.

– Qual è il Suo nome? (Come si chiama?)
– È italiana? (Lei è italiana, vero?)
– … abito a …
– È sola qui …
– E di dov'è? (E dov'è nata?)
– Sono impiegata.
– E da quando (da quanto tempo, da quanti anni) è in Germania?
– (Molte, tante, mille) grazie, signorina.

17.

– Qual è il Suo nome, signorina?
– Maria Landi.
– Ah, allora Lei è italiana, no?
– Sì, la mia famiglia è italiana, ma io sono nata qui a Krefeld.
– E di dov'è la Sua famiglia?
– Di Rodi Garganico, in Puglia.
– In famiglia parla italiano?
– A casa parlo un poco il dialetto e un poco il tedesco, e a scuola, alla Hauptschule, solo il tedesco.
– E quando parla italiano?
– Con alcuni amici italiani qui a Krefeld o quando sono in Italia in vacanza.
– A Rodi Garganico?
– Sì, o a Lecce, dove abita la famiglia di mia madre.
– Grazie, signorina!

a. falso **b.** vero **c.** falso **d.** falso **e.** falso
f. vero **g.** falso **h.** vero **i.** vero

19.

a. Allora a domani sera!

b. Allora a più tardi alla mensa!

c. Allora a domenica (alla prossima settimana)!
d. A presto, Dino! – Allora alla prossima domenica!

20.*

a. Mi chiamo Giacomo Esposito. Sono di (sono nato a) Napoli, ma da due anni sono in Germania con la famiglia: mia moglie e tre bambini. Sono pizzaiolo e adesso lavoro in una pizzeria a Essen. Mia moglie è casalinga e parla tedesco solo un poco.

b. Il mio nome è Peter Schiffer. Sono austriaco. Abito a Vienna con mia moglie e le mie due figlie di 4 e 6 anni. Io insegno matematica in una scuola di Vienna e mia moglie è impiegata. In vacanza sono sempre in Italia e parlo italiano con amici.

Unità 3

1.

a. stai **b.** sta – sta **c.** sto – sta

2.

a. 1./3. **b.** 2./4.

3.

a. buona (buon'); bene **b.** buon **c.** bene
d. bene; buon **e.** bene; buoni **f.** bene; buon

4.

a. Di dove sei? / Di dov'è? / Di dove sono i …?
b. Come stai (sta) oggi?
c. Abiti (Abita) ancora a …?
d. Che numero di telefono hai (ha)?
e. Como sta Mario (Maria, il signor …, la signora …)?
f. In che via (dove) abiti (abita)? / Che indirizzo hai (ha)? / Qual è il tuo (Suo) indirizzo?
g. Da quando (Da quanto tempo) siete qui?
h. Gino (Gina, il signor …, la signora …) è qui per lavoro (in vacanza)?

5.

a. sai; sta; sta – so – ha
b. sa; ha – sa – sta – sta; Ha
c. stai – sto; ho – hai
d. stai – Hai – so; Sai – ho (so)

6.

a. … come ti chiami? **b.** … quanti bambini hai? **c.** … dove lavori? **d.** … da quando (da quanto tempo) abiti qui? **e.** … come parli il tedesco? **f.** … con chi sei qui? **g.** … lo sai? **h.** … dove studi? **i.** … per quanto tempo sei qui? **j.** … a chi telefoni?

7.

a. L'Aquila, Il Capriolo, Le Due Fontane, La Filanda, La Grotta, L'Edera, La Ruota, Lo Stadio, La Tavernetta.

b. Il ristorante La Capricciosa a Roma ha il numero 6794027 e Roma ha il prefisso 06.

Il ristorante I Tre Amici ad Asti ha il numero 453789 ed Asti ha il prefisso 0141.

Il ristorante Lo Spiedo a Castagnole ha il numero 62242 e Castagnole ha il prefisso 0141.

La trattoria Le Sei Sorelle a Valenza ha il numero 987654 e Valenza ha il prefisso 0131.

8.
a. ho; ha **b.** hanno – hanno **c.** abbiamo – ha; avete – abbiamo **d.** avete – ha; ha **e.** hai – ha **f.** abbiamo; hanno; abbiamo; Avete – abbiamo

9.*
Abiti (abita) qui a …? Hai (ha) il telefono? Abiti (abita) solo/a o con la famiglia / la moglie / il marito? Hai (ha) bambini? Quanti? Quanti anni hanno (ha)? … ecc.

11.
a. c'è – è **b.** ci siamo – siete – siamo **c.** Sono; c'è; sono **d.** ci sono; sono **e.** ci sono / sono – c'è / è

12.
a. 2. **b.** 8. **c.** 5. **d.** 7. **e.** 6. **f.** 4. **g.** 1. **h.** 3.

13.
a. I **b.** Lo **c.** L' **d.** le **e.** La **f.** Il; l' **g.** Lo **h.** l' **i.** i

15.
a. 3./4./5. **b.** 1./3./4. **c.** 1./3./5. **d.** 2./5.

16.
a. sta; chiamare – chiama; ha
b. più; nuovo – dove – In; piano; l'; la; che; c'è; all'
c. telefono; l' – Un; il suo; abita; in – molte (tante, mille) – c'è
d. C'è; per favore (per piacere) – parla – ha – sbagliato

17.
a. 3. **b.** 5. **c.** 2. **d.** 1. **e.** 4.

18.
a. sono – so **b.** sai **c.** sa – hanno **d.** stai – sei **e.** siete – siamo **f.** è – ha **g.** abbiamo – avete **h.** sta – ho; sono **i.** sto; hai

19.
di; di; da; da; di; da; da

20.
a. Perché la sua amica, la signora Gorla, non sta bene. **b.** Perché il dottor Braulin non c'è. **c.** Perché è in vacanza da domenica. **d.** Perché non abita lontano. **e.** Perché ha le sue medicine.

21.
a. da – lo; di **b.** di; di – a; di **c.** Che; Da; all' – da; Stai – arrivi – a; ci – a **d.** di – la – in – da – vicino; a **e.** in; perché; in; da – che – arrivo **f.** in; Da; mia; sa; più (molto); a – ci; perché

23.
a. 1. **b.** 3. **c.** 2. **d.** 4. **e.** 5. **f.** 6.

24.
a. – Pronto? Qui parla Tuzzi. C'é il dottor Nardi, per favore?
– No, oggi arriva da Firenze molto tardi.

b. – Scusi, signora, Lei sa dov'è Barbara?
– Sí, è alla SIP, a telefonare a sua madre a Mannheim.

c. – Ciao Carlo! Hai il nuovo indirizzo di Rosa?
– No, purtroppo no. Ma perché non telefoni alla sua amica Caterina, lei sa dove Rosa abita adesso.
– Già. Ma Caterina adesso non c'è, è in vacanza da una settimana.

d. – Lei é tedesca, signorina?
– No, sono di Vienna.
– È qui a Siena in vacanza?
– No, sono qui per studiare musica all'Accademia.
– E da quando è in Italia?
– Da tre mesi.

e. – Pronto, Gina?
– Si, sono io.

– Come stai oggi?
– Un po' meglio, grazie.
– Sei sola?
– No, oggi c'è qui mia madre e domani la mia amica.

f. – Io sono Gianni, e tu, come ti chiami?
– Claudia Schwarzbach.
– Non sei italiana, vero?
– No, sono austriaca.
– E da quanto tempo sei in Italia?
– In Italia già da tre mesi, ma qui a Pavia solo da due: studio medicina all'università.
– Solo da tre mesi?! Ma sai parlare già molto bene!
– Non è vero! Tu sei molto gentile …
– Ma no! È vero, è vero! Complimenti! Io studio l'inglese a scuola già da due anni, ma parlare è un problema.
– A scuola, sì … Ma io abito in una famiglia e così parlo quasi solo italiano.

a. 3. **b.** 2. **c.** 3 **d.** 2 **e.** 3 **f.** 3

Transferübungen zu Unità 1–3

1.

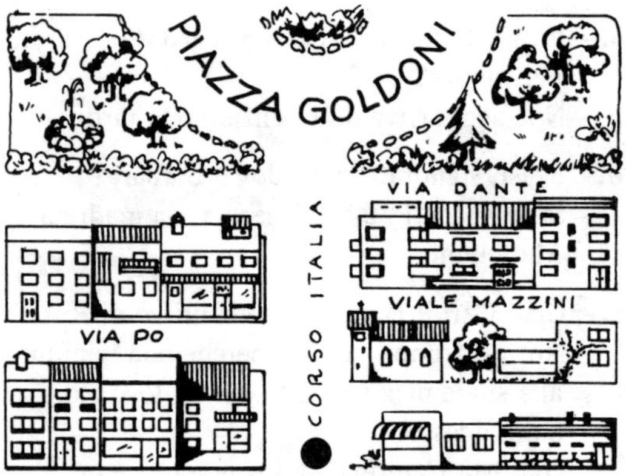

2.

- Il teatro Verdi, per favore?
- Bisogna girare la prima via a destra.
- Grazie, molto gentile.

- L'ufficio turistico, per piacere? Sa dov'è?
- È alla stazione centrale.
- E dov'è la stazione?
- Ah, ma Lei non è di qui, vero? La stazione è subito dopo la prima via a sinistra.

- Scusi, signora, c'è un bar qui vicino?
- Un bar? … Ah sì, c'è il bar Nettuno in viale Piemonte, vicino alla posta.
- E dov'è?
- È la seconda via a destra; c'è la posta e subito dopo il bar.

- Scusi, signore, la Pinacoteca? È qui vicino?
- Sì, è la prima via a sinistra: la Pinacoteca è a pochi metri sulla destra.

- Buongiorno. Scusi, sa se c'è una stazione dei Carabinieri qui vicino?
- Sì, qui la prima a sinistra, subito dopo il supermarket.

- Scusi, signorina, buongiorno. Sa dov'è la SIP, per favore?
- È in via Roma … Sa dov'è la Banca d'Italia?
- No, io non sono di qui …
- Ah, capisco … Allora: via Roma è la terza a destra: prima c'è la Banca d'Italia e subito vicino c'è la SIP.
- È lontano?
- Sì e no, dieci minuti. Ma c'è anche l'autobus numero sei.
- Tante grazie, signorina.

- Signora, scusi per piacere, sa dov'è la chiesa di San Giorgio?
- No, non lo so proprio ... Ah, un momento: qui vicino c'è una via che si chiama S. Giorgio e c'è anche una chiesa. La via S. Giorgio è la seconda a sinistra e la chiesa è sulla destra.
- Molte grazie, signora, e buonasera!

- Scusi, per favore, c'è una farmacia qui vicino?
- Non so ... un momento ... ah sì! La prima, no, la seconda via a sinistra. A destra c'è la chiesa di San Giorgio e a sinistra la farmacia.

a. 7 **b.** 1 **c.** 3 **d.** 5 **e.** 4 **f.** 10 **g.** 8 **h.** 11

Unità 4

1.

a. vado – vai. Claudia va via, perché ha il corso d'italiano.
b. va – vado. Il signor Müller va in Italia (a Milano) per lavoro.
c. Vai – vado – vai – vado – va – va. Carlo va a Montpellier a studiare il francese, ma la sua ragazza non va via, perché lavora in una pensione.
d. va – vado – va – va. Il dottor Zaccagnini va in America per due mesi. Ina la prossima settimana va a Boston per studio (studiare).

3.

buona; buon; buone; buona; buon; buone; buona; buon; buon; buona; buon; buon; buon; buono; buone

4.

a. vai – vado **b.** vai – vado; andiamo
c. andiamo – andate – vanno **d.** va – vanno

5.

Vado / Andiamo a prendere Carlo; ... a trovare amici; ... a chiamare il medico (a telefonare al medico); ... a lavorare; ... a sciare; ... a telefonare

6.

Il signor Rossi va
a letto – al mare – in montagna – a sciare – a trovare Giovanna (da Giovanna) – al lago di Garda – a Milano – all'isola d'Elba – alla festa di San Vito – all'università – in Germania – in barca a vela

7.

a. – All'università c'è un congresso, ci va? – No, non ci vado.
b. – A Lecce c'è un concerto. I signori Landi ci vanno? – No, non ci vanno.
c. – A Bergamo c'è un corso d'italiano. Ci andate? – Sì, ci andiamo.
d. – A Muggia c'è una festa. Marina ci va? – Sì, ci va.
e. – Al «Capitol» c'è un buon film, ci vai? – No, non ci vado.
f. – A Monfalcone c'è un buon corso di vela. Vittorio ci va? – Sì, ci va.
g. – A Lecco c'è una regata, ci andate? – No, non ci andiamo.

8.

a. Andate; in; in – andiamo; in; al **b.** vanno; al (il/questo) – vanno; in; a; a – alla – da **c.** vai – il (un); all' **d.** Va – a; mia – Sua; sta – a

9.

a. Quando vai (va) a Roma (al mare / lago; in Francia / montagna / Riviera / vacanza; da Giovanni / tua madre)?
b. Dove vai (va / andate)?
c. Quando vai (va) in vacanza quest'anno? Dove vai (va) in vacanza quest'anno?
d. Perché vai (va) già via (a letto, a casa)?
e. Con chi andate a … (in …, da …)?
f. I … vanno al mare (al lago)?
g. Sei (È) a casa domani? Domani ci sei (c'è)?
h. Sai (Sa) l'indirizzo di …? Sai (Sa) dove abita …?
i. Parli (Parla) francese? Sai (Sa) parlare francese?
j. Vai (Va) a studiare in … (a …)?
k. Oggi non vai (va) al corso (a lezione / a scuola / da tua madre)?
l. Telefoni (telefona) da … ? Sei (È) già qui a …? I … ci sono? I … sono a casa?
m. Va in montagna anche Piero (il signor …)?
n. Scusi, sa dov'è una farmacia (un'autofficina) qui vicino?

10.

- Dove vai, Pino? - Vado a Milano. - Allora buon viaggio!
- Dove va, signora? Vado in vacanza. - Allora buon viaggio e buone vacanze!
- Dove vai, Angela? - Vado a letto. - Allora buona notte e buon riposo!
- E voi due, dove andate? - Andiamo al lago. - Allora buon divertimento! (Buon week-end! Buon fine-settimana!)
- Dove va il dottor Meo? Va in America. - Tanti saluti da parte mia e tanti auguri (tante buone cose)
- Dove vai, Piero? - Vado da Gina. - Allora tanti saluti e buon divertimento!
- Dove vanno Pia e Lisa? - Vanno all'università per un esame. - Eh! In bocca al lupo!
- Dove va, signor Viti? - Vado al compleanno di Giuseppe. - Tanti auguri (tante belle cose) da parte mia!
- Dove vai, Carla? - Vado al corso d'italiano. - Buon lavoro! (Buon divertimento!)
- Dove andate adesso? Andiamo a casa (al bar, al ristorante). - Arrivederci!

11a. *

Caro Gianni,
un pensiero affettuoso e tanti cari auguri per il tuo compleanno! Molti saluti e un caro abbraccio (tante belle cose) anche da parte di mia madre. Tua …

11b.

Cara …
Tante grazie del (per il) tuo augurio per il mio compleanno! Al momento sono da mia sorella a Roma: lei adesso insegna l'italiano qui alla scuola inglese. Sto qui anche a Natale. Dopo le feste andiamo per due settimane con alcuni amici a sciare. Hai tempo anche tu? (il numero di telefono di mia sorella è: 06/6784027)
Buon Natale e a presto! Con un affettuoso abbraccio, Tuo …
Molti saluti anche da parte di mia sorella.

12a.

1. del **2.** degli **3.** della **4.** dello **5.** del **6.** dell' **7.** degli **8.** delle **9.** degli **10.** del **11.** dei **12.** dello **13.** degli **14.** dei **15.** del

12b.

1. dello **2.** dell' **3.** dello **4.** delle **5.** dello (degli) **6.** del **7.** degli / della **8.** degli **9.** degli **10.** degli **11.** della **12.** dell'

13.

Caro/a …
Molte grazie per gli (degli) auguri per il mio compleanno! Da tre giorni Carlo è qui (a casa mia), ma domani andiamo insieme in Sicilia al mare. Un amico di Carlo abita a Palermo e

questo mese non c'è, perché lavora alla FIAT di Torino. Così abbiamo il suo piccolo appartamento. Non so ancora quando ritorno. Telefono da Palermo domenica! Tu vai in vacanza solo la prossima settimana, no? Ancora tante grazie e molti saluti! A domenica! Tuo/a ...

14.

i Müller.	ai Müller.
– Mario.	a Mario.
la zia.	alla zia.
l' autofficina.	all' autofficina.
la signora R.	alla signora R.
gli Attolini.	agli Attolini.
l' università.	all' università.
il dottore.	al dottore.
gli studenti.	agli studenti.
l' insegnante.	all' insegnante.
gli Sciacca.	agli Sciacca.
la piccola Pia.	alla piccola Pia.
gli sposi.	agli sposi.
le tue amiche.	alle tue amiche.
la polizia.	alla polizia.
gli amici.	agli amici.

15.

Da due settimane *siamo* qui a Bormio in vacanza a sciare. Come sempre *abitiamo* alla pensione «Maria». *Siamo* qui con alcuni studenti di Stoccarda e così *parliamo* quasi sempre tedesco. Le piste sono molto belle, ma purtroppo non *sappiamo* sciare bene come gli altri .... La sera *andiamo* fuori con gli amici o *studiamo* un po', perché già in aprile *abbiamo* gli esami. Qui alla pensione il prossimo mese è tutto occupato, ma domani *domandiamo* all'ufficio turistico: forse *abbiamo* fortuna e *troviamo* ancora 3 letti per voi in un'altra pensione. *Stiamo* qui ancora alcuni giorni. No *sappiamo* ancora quando *ritorniamo* a Novara, perché forse *andiamo* a trovare alcuni amici a Milano. Quando *arriviamo, telefoniamo* subito a casa tua!

16.

a. 2./3./4./5. **b.** 1./4./5. **c.** 1./3. **d.** 1./2./5.

17.

Carissimi,
come state? Noi qui stiamo molto bene! Marta ed io andiamo al mare ogni giorno e i raggazzi vanno in barca con gli amici. Anche loro stanno molto bene. E voi, quando andate in vacanza?
Cari saluti

18.

Cara signora Zacchi,
come state voi tutti? State già meglio o avete ancora l'influenza? Il mese prossimo vado a Milano per alcuni giorni. Forse ci vediamo? Telefono a casa Sua la prossima settimana. Noi stiamo bene. Al fine-settimana siamo stati tutti ad Amburgo al compleanno di mia madre. Non lavora più. Da alcune settimane è pensionata ed è molto felice.
Tante belle cose e cari saluti, anche da parte di Gert, Sua ...

19.

a. stati – stati **b.** stato – stata **c.** state – stata
d. stato – stati **e.** stati – stata **f.** stato – stati

20.

a. Siete già stati/e in Francia? – No, non ci siamo ancora stati/e.
b. È già stato/a da Giacomo? – No, non ci sono ancora stato/a.
c. Sei già stato/a da tua madre? – No, non ci sono ancora stato/a.
d. Carla è già stata all'università? – No, non ci è (c'è) ancora stata.
e. I Cresci sono già stati in America? – No, non ci sono ancora stati.
f. Gigi è già stato al Lago Maggiore? – No, non c'è ancora stato.

g. Siete già stati/e in Riviera? – No, non ci siamo ancora stati/e.
h. Anna è già stata in città? – No, non ci è (c'è) ancora stata.

21.

a. Vai – a; sono; andiamo – andate – In; a – buon viaggio e buone vacanze! **b.** a; a; gli (alcuni) – quanto; a – alcuni; andiamo; al – un; da **c.** andate – siamo; a; abbiamo; andiamo; alcuni; di; al

22.

– Pronto?
– Ciao, Fulvia!
– Ciao … ma chi parla? Inge?
– Sì, sono proprio io!
– Ma dove sei? Sei a Milano??
– Eh no! Sono qui a Stoccarda!
– Ma che sorpresa …
– Tanti cari auguri per il tuo compleanno!
– Oh, grazie Inge, ma …
– È oggi, no?
– No, è domani …
– Ah, che peccato! Ho sbagliato giorno! Quanto mi dispiace!
– Ma Inge!! Sei stata così cara a chiamare!
– Allora gli auguri sono per domani, va bene?
– Ma sì! Grazie!
– E come stai adesso? Hai ancora problemi con i denti?
– Sì, un po' … Ma per fortuna sto meglio.
– Meno male! E che cosa hai in programma per il compleanno?
– Domani ho gli amici qui e domenica vado al lago con Piero.
– Ah, beati voi! Allora buon divertimento e tanti saluti anche a Piero!
– Grazie! E quando ci vediamo in Italia?
– Non lo so ancora, forse a Natale. Quando arrivo a Milano, telefono.
– Benissimo. Allora ciao! Tante grazie per la telefonata e saluti a tua madre!
– Grazie! Ciao Fulvia e tante belle cose!

a. falso **b.** vero **c.** falso **d.** vero **e.** falso **f.** vero

23.

– Ciao Maurizio, dove vai?
– Vado a prendere mia madre e andiamo insieme da mia zia Liliana, perché oggi è il suo compleanno e c'è una festa in famiglia.
– Ah, tua zia Liliana … sì sì, so chi è … Abita qui a Milano, no?
– No, abita in provincia, a Gallarate.
– Allora non ci vediamo da Franco oggi?
– Eh no! Ritorno tardi o forse questa notte stiamo a Gallarate.
– Bene. Allora a domani in ufficio! Tanti saluti a tua madre e auguri alla zia!
– Grazie. Ciao Cristina!

a. 3. **b.** 2. **c.** 2. **d.** 3. **e.** 3. **f.** 1.

24.

– Pronto?
– Pronto. Giuliana?
– Sì, sono io.
– Ah ciao! Sono Stefania. Ieri non sei stata alla sagra degli spaghetti, vero? Ma come mai?
– Mi dispiace, Stefania. Ma sono stata male e anche oggi non sto tanto bene.
– Sei a letto?
– No, non più. Non ho più febbre, ma sono molto stanca e ho mal di testa.
– Oh, mi dispiace! Adesso non ho tempo, purtroppo, perché ho il corso di francese. Ma domani ritelefono e se non stai meglio andiamo insieme dal medico!
– Ma no …
– Sì. Adesso vai a letto e domani ci vediamo, va bene? E tante belle cose!
– Grazie di tutto, Stefania, e a domani!

a. 2. **b.** 3. **c.** 2.

Unità 5

1.

- Sono le sei e sette. Sono le otto meno dieci. Sono le nove e sei. Sono le undici meno un quarto.
- È la mezza. Sono le quattro e venti. Sono le tre e trentacinque. È mezzogiorno (mezzanotte) meno dieci.
- È mezzogiorno (mezzanotte). Sono le due e venticinque. Sono le sei meno venti. È mezzogiorno (mezzanotte) e tredici.
- È l'una meno nove. Sono le sei e diciassette. Sono le otto e dodici. È l'una e un quarto.

2.

A che ora

a. vai all'università? – Ci vado …
b. andate alla festa? – Ci andiamo …
c. va in ufficio? – Ci vado …
d. siete a casa? – Ci siamo …
e. sei da tua sorella? – Ci sono …
f. vai all'aeroporto? – Ci vado …
g. va in farmacia? – Ci vado …
h. andate a lezione? – Ci andiamo …
i. arriva a Genova? – Ci arrivo …
j. ritorni in ufficio? – Ci ritorno …
k. andate da Mario? – Ci andiamo …
l. vai dal medico? – Ci vado …
m. arrivi alla stazione? – Ci arrivo …
n. va in città? – Ci vado …
o. ritorna a Firenze? – Ci ritorno …
p. andate a letto? – Ci andiamo …
q. vai a teatro? – Ci vado …
r. va in (alla) discoteca? – Ci vado …

3.

alla pensione Michaela
dalla famiglia Scippo
dal dottor Perselli
alla lezione d'italiano
dai Müller
all' aeroporto
al mare
dallo zio Carlo
dalla signora Rossi
alla stazione
al compleanno di Lea
dagli Zacchi
dalla mia amica
dalle sorelle di Carlo
al corso di tedesco
dalla signora Marchini
al lavoro
dal meccanico
dai Marcolini
all' università
dalla signorina Sardi
al lago di Bracciano
dal medico
dagli Schmidt
alla sagra del vino
dalla zia Clotilde
alla festa dello sport
dal mio amico Gigi

4.

a. – Dove vai? Da Teresa? – No, alla lezione di tedesco. …
b. – Dove vai? Da tua madre? – No, alla sagra del vino.
c. – Dove vai? Al mare? – No, al lago di Bracciano.
d. – Dove vai? All'università? – No, dalla mia amica.
e. – Dove vai? Dal medico? – No, in farmacia.
f. – Dove vai? A casa? – No, dalla mia collega.
g. – Dove vai? All'aeroporto? – No, alla stazione.
h. – Dove vai? Al concerto? – No, al compleanno di Tania.

5.

a. alle; Alle; le **b.** A che; Verso (Dopo); alle; è – Sono le **c.** fra le; dopo **d.** a che ora (a quando) – Fino a **e.** Quando – dalle; alle **f.** ora – alle – in; dalle; alle – le; le

7.

Lucia, oggi è
- martedì, bisogna pagare l'assicurazione.
- mercoledì, bisogna passare dai Rossi. Sono a casa fra le 4 e le 6.
- giovedì, bisogna andare dal dentista. Abbiamo l'appuntamento alle quattro e mezzo/a.
- venerdì, bisogna chiamare (telefonare a) Maria in ufficio. Il numero è …
- sabato, bisogna andare a trovare mamma e papà.
- domenica, bisogna andare a prendere Gianni all'aeroporto.

8.

a. 1./4./5. **b.** 1./3./5. **c.** 1./4./5. **d.** 1./4./5.

9.

a. Arrivi sabato? – No, arrivo lunedì.
b. Arriva il ventuno? – No, arrivo il ventitré.
c. Arrivate a mezzogiorno? – No, arriviamo all'una.
d. Arrivi martedì? – No, arrivo giovedì.
e. Arriva il nove? – No, arrivo l'undici.
f. Arrivate a mezzogiorno e mezza (alla mezza)? – No, arriviamo alle due e un quarto.
g. Arrivi martedì? – No, arrivo mercoledi.
h. Arriva il tredici? – No, arrivo il quattordici.
i. Arrivate alle otto e un quarto? – No, arriviamo alle nove meno un quarto.
j. Arrivi domenica? – No, arrivo lunedì.
k. Arriva l'otto? – No, arrivo il diciannove.
l. Arrivate all'una e mezzo/a? – No, arriviamo alle due meno un quarto.

10.

Carissimi,
non arrivo il diciotto alle otto, ma due giorni dopo (più tardi) a mezzogiorno e venti!
Tanti saluti. …

11.

1. d **2.** c (e) **3.** b **4.** e **5.** a **6.** g (b) **7.** f

12.

a. – Perché non vai in barca a vela con Sandro?
– Non ho tempo. Dalle dieci all'una siamo tutti da Monica, per (a) studiare per gli esami (l'esame) e alle cinque e mezzo/a vado a prendere i Weber alla stazione.

b. – Ciao Monica, dove vai?
– Dal dentista.
– Oh, hai mal di denti?
– No, ho l'appuntamento già da due settimane.
– Ci vediamo più tardi?
– Sì. Verso le quattro sono di nuovo a casa. Hai il corso d'inglese stasera?
– Certo, dalle sei alle otto, come sempre.
– Allora ci vediamo dopo le otto a casa mia, d'accordo?

c. – Sai già quando vai da tua madre?
– (In) questo mese. Se ho tempo, ci vado già l'undici e ci resto per una settimana.
– Allora molti saluti a tutti!

d. – Va in Sicilia già il diciassette?
– No. Il diciassette vado a Roma, ci resto per una settimana e il ventiquattro vado a Palermo.
– E quando ritorna?
– Il trenta.
– Allora non c'è dal diciassette al trenta. Peccato!
– Perché? (Come mai?)
– Il ventisei Carlo arriva da Basilea. Ma resta (sta) qui solo per tre giorni.

13.

Caro Giovanni,
purtroppo stasera non ho tempo di (per) andare a teatro. Mi dispiace molto! Ma questo (oggi) pomeriggio viene a trovarci (ci viene a trovare) un conoscente di Basilea. Resta solo fino a domani mattina e così stasera andiamo tutti insieme un po' in città. Forse passo ancora a casa tua verso le undici o almeno telefono! Domani mattina ho un impegno (appuntamento) urgente, ma domani pomeriggio ho tempo! Un caro abbraccio, ...

14.

a. vieni – vengo **b.** vengono – veniamo **c.** viene – Venite – veniamo **d.** Venite – veniamo; vengono **e.** Vieni – vengo **f.** vengono; Venite – Veniamo

15.

Mio marito lavora a Milano. – I miei fratelli sono in vacanza. – Le mie sorelle vanno al mare. – Mia zia abita a Rieti. – Il mio amico non è di qui. – La mia ragazza è a Roma.

17.

a. Le tue (mie) – sua; la sua **b.** i tuoi – mio; mia; le mie; i miei **c.** i Suoi – i miei **d.** Tuo – i miei (i suoi) – mia **e.** i tuoi – mia – tua

18.

a. 2./4./5. **b.** 1./3./4. **c.** 1./3./5. **d.** 2./3./5.

19.

a. In; a; Dal; al **b.** dalle; alle

20.

a. – Quando sei a Roma? – Da oggi a venerdì.
b. – Quando sei in ufficio? – Dalle otto alle sei.
c. – Quando sei in Germania? – Da giugno ad agosto.
d. – Quando sei in montagna? – Dal ventisei agosto al venticinque settembre.
e. – Quando sei a sciare? – Dal primo al dieci gennaio.
f. – Quando sei a lezione? – Dalle nove all'una.
g. – Quando sei al mare? – Dal quindici luglio al quindici agosto.
h. – Quando sei da Gigi? – Dalle tre alle sette.
i. – Quando sei dall'avvocato? – Dalle dieci alle undici.

21.

- Quando è il ballo in piazza? – Il quattro febbraio. – E che giorno è? – Sabato.
- Quando è il compleanno di mamma? – Il ventotto marzo. – E che giorno è? – Mercoledì.
- Quando è Pasqua? – In aprile. – E che giorno? – Il ventidue.
- Quando è il matrimonio di Dino e Laura? – Il sedici maggio. – E che giorno è? – Mercoledì.
- Quando è la festa di (da) Paola? – Il venti giugno. – E che giorno è? – Mercoledì.
- Quando è il congresso a Napoli? – Dal diciassette al diciannove settembre. – E che giorni sono? – È da lunedì a mercoledì.
- Quando è in vacanza Pino? – Dal primo al quattordici ottobre (le prime due settimane in ottobre), il primo è un lunedì.
- Sai (sa) quando è (ha, abbiamo) l'esame di tedesco? – Il sette novembre. – E che giorno è? – Mercoledì.
- Quando vai (va, andiamo, andate) a sciare? – Dal ventisei al trentun dicembre.

22.

a. tuoi – il (al); Mia – tuo – in; suoi – Il – vai – verso
b. alla; il – in; dal; al
c. ha; dalle; alle; le; a – alle (verso le / dopo le)
d. dai; della – vai (vieni) – le; a; alle; al
e. ci – va – a – Verso; hai; mia – vengo; tua; le; la
f. In; ci – la; dall'; al; in; miei

23.

a. – Passiamo da Nino? – No, è meglio telefonare.
b. – Restiamo in città il week-end? – No, è meglio andare a sciare.
c. – Andiamo fuori? – No, è meglio andare a letto.
d. – Stiamo a casa stasera? – No, è meglio andare fuori (in discoteca; da amici ...)
e. – Aspettiamo qui i Rossi? – No, è meglio andare alla stazione.

24.

a. – Ci vado giovedì alle dieci.
b. – Ci resto fino al quindici agosto.
c. – Ci ritorno alla fine di luglio (a fine luglio).
d. – Bisogna esserci alle nove e un quarto.
e. – Ci viene a prendere (Viene a prenderci) fra le cinque e mezzo/a e le sei.
f. – Ci sono dall'inizio di luglio alla fine di agosto.
g. – Ci vengo da venerdì a lunedì.
h. – Ci è (C'è) stata fino alla metà di questo mese.
i. – Vengo (Ci viene a trovare) dal primo al sei luglio.

25.

– Andiamo tutti da Maria stasera, vieni anche tu, Enzo?
– A che ora ci andate?
– Verso le otto e mezza.
– Allora vengo anch'io, ma un po' più tardi, perché ritorno dall'università solo alle nove.
– Va bene. Allora buon lavoro e a stasera!
– Sì, grazie. Ciao, Tina!

Stasera Enzo arriva un po' più tardi a casa di Maria, perché ritorna dall'università solo alle nove.

26 a.

– Ciao Ettore. Vieni domani alle 5?
– Certo ... Ah, un momento. Domani che giorno è?
– È il primo, perché?
– Il primo? Allora domani è la festa di Elsa.
– È vero! È nata il primo ottobre. Allora domani non ci vediamo, no?
– Eh no! Domani non vengo, ma ci vediamo giovedì, va bene?
– Benissimo. Allora a giovedì alla stessa ora. E tanti auguri a Elsa!
– Grazie e ciao!

a. falso **b.** falso **c.** vero **d.** falso **e.** vero
f. vero **g.** falso **h.** falso

26 b.

Domani alle cinque Ettore non ha tempo per il suo amico, perché è il compleanno di Elsa. Elsa è nata il primo ottobre. Allora Ettore va dal suo amico più tardi, giovedì alla stessa ora (alle cinque come sempre).

27.

– Ciao Loretta! Che bella sorpresa! Hai un po' di tempo?
– Purtroppo no, ho un appuntamento dal dentista e sono già in ritardo.
– Oh, mi dispiace. E dopo, ci vediamo?! Sai, ci sono tante cose nuove ...
– Va bene, Gigi. Allora sono al bar dell'università verso le cinque, cinque e mezzo.
– Benissimo. Aspetto al bar. Ciao e se vai dal dentista, tante belle cose!
– Grazie. Ciao e a presto.

a. 3. **b.** 2. **c.** 3. **d.** 2.

28 a.

– Pronto, mamma?
– Ah, Franca! Che sorpresa! Quando arrivate?
– È proprio per questo che telefono ... Sai, mamma, stasera non arriviamo più, perché Marietta non sta tanto bene: ha mal d'auto ed è molto stanca ... Sai come sono i bambini ... Allora restiamo qui questa notte.

- Oh, mi dispiace! Ma da dove telefoni?
- Da Lagonegro: è un magnifico luogo in montagna, a nord di Cosenza.
- Di Cosenza?! Allora state dai conoscenti di Gino stanotte?
- No, sono in vacanza anche loro. Abitiamo in un piccolo albergo: abbiamo una camera a due letti e c'è anche un lettino per Marietta.
- Bene. Ma allora arrivate domani o restate ancora a Lagonegro?
- No, no. Andiamo via da qui domani mattina. Se Marietta va subito a letto, domani sta certamente meglio. Forse passiamo anche da Giancarlo, se c'è, e così arriviamo a casa tua fra le 5 e le 6 del pomeriggio.
- Va bene. Se arrivate solo il pomeriggio, di mattina vado un momento dalla mia amica che è malata ... E per il resto, com'è stato il viaggio?
- Buono. Ma sai, mamma, non ho più gettoni ... ci vediamo domani.
- Allora ciao! Un caro saluto a Gino e tante belle cose a Marietta!

1. c. **2.** b. **3.** b. **4.** c. **5.** a. **6.** b.

28 b.*

Franca è in viaggio con suo marito Gino e la figlia Marietta per andare a trovare sua madre. Sono in macchina da molte ore. Marietta è stanca e ha mal d'auto, perché vicino a Cosenza, in montagna, ci sono molte curve... (e a Franca non viene l'idea [il pensiero] di dare «Valontan» alla bambina). Gino ha conoscenti a Cosenza che però, purtroppo, sono già in vacanza. Così cerca di trovare un albergo in un piccolo luogo in montagna, a Lagonegro. C'è ancora una camera a due letti con un lettino per Marietta. Ma la mamma di Franca aspetta sua figlia con la famiglia già per la sera. Così Franca va a telefonare per informare la madre che arriva con i suoi solo il giorno dopo, perché Marietta non sta bene. Alla mamma dispiace di non vedere subito i suoi, ma per lei va bene anche se vengono il pomeriggio dopo, fra le 5 e le 6 (perché prima vanno a trovare un amico). Così la mattina ha il tempo di passare da un'amica malata.

29 a.*

Scalea, 2 agosto 19...

Caro/a...

Da una settimana siamo qui a Scalea in vacanza. Abitiamo in un albergo molto bello non lontano dal mare che si chiama «Spiaggia d'Oro». Abbiamo due camere a due letti al terzo piano e dal balcone vediamo il mare. I bambini sono molto felici, perché la spiaggia e il mare sono magnifici. Ogni mattina andiamo alla (in) spiaggia e ritorniamo verso l'una perché abbiamo la pensione completa.

Quest'anno all'albergo e al mare ci sono pochi tedeschi e così parliamo quasi sempre italiano. Anche i bambini sanno già parlare un po'! Alcuni italiani però sanno parlare il tedesco perché sono stati a lavorare in Germania... La Calabria è molto bella! Al fine-settimana siamo stati a Cosenza a vedere molte cose belle. Domani andiamo a trovare alcuni amici a Palmi e così vediamo anche questa zona. Di sera andiamo in discoteca o stiamo fuori a prendere un gelato... Come vedi stiamo molto bene!

Ritorniamo in Germania alla fine del mese, perché la scuola comincia all'inizio di settembre. Forse ci vediamo prima? Hai tempo di venire qui per un week-end? O passiamo a casa tua se ci sei il 30 agosto?

Ci telefoni, per favore? Il numero dell'albergo è...

Intanto molti cari saluti

tuoi...

29 b.*

- Pronto, mamma?
- Ah, sei tu Giulietta! Da dove telefoni? Siete già a Scalea?
- Sì, sì. Telefono dall'albergo. È molto bello… Anche la spiaggia è magnifica…
- E com'è stato il viaggio?
- Molto buono, mamma. I bambini sono stati bravi e stanno bene.
- Che bello! Quanto tempo restate a Scalea?
- Restiamo qui fino al 18…
- Ma se è così bello, perché non restate di più?
- Sai, dopo il 18 all'albergo non ci sono più camere, e se andiamo a trovare anche lo zio a Cosenza…
- Ah, passate anche dallo zio! E quando arrivate qui?
- Il 24, mamma, ma non veniamo soli…
- No? E con chi venite?
- Con una conoscente tedesca che non è ancora stata a Reggio. Sei d'accordo?
- Ma certo! Allora al 24 e tante belle cose per le vacanze!
- Grazie, mamma. Ciao e saluti a papà!

Unità 6

1.

a. 1./2./4. **b.** 2./4.

2.

a. che; prossimo; da – Alle; ritardo; **b.** parte – l'orario **c.** Fra; ci sono; c'è; alle; delle (alle) – quello **d.** per – binario

3.*

b. Cara (Gentile) signora Corsi,
io adesso (sono le due meno un quarto) vado alla stazione a prendere il dottor Pieri e il signor Tosi. Prendo la macchina e ci vado con il signor Heise che parte per Berna alle 2^{50} (il signor Tosi arriva alle 2^{51}). I treni dal Nord sono tutti in ritardo e così certamente ritorno solo verso le 4. Allora non sono in ufficio per almeno due ore!
Tanti saluti
(*oder:* Mi dispiace di non essere in ufficio per le prossime due ore, ma bisogna andare …)

c. – Pronto? Dottor Sanna? Sono Carla. Ecco per Lei l'orario dei treni per Bologna per giovedì mattina. Ci sono tre possibilità: alle 8 e 10 c'è un rapido, poi c'è l'espresso delle nove e tre e poi c'è un altro rapido alle nove e quarantotto …
– Molte grazie, signorina Carla, e saluti alla signorina Tea!

4.

- Pronto, mamma?
- Ah, ciao Niccolò … ma dove sei?
- Sono ancora qui a Milano.
- E quando arrivi?
- Dopodomani: domani sono a Roma per alcune ore. Ho un appuntamento di lavoro e poi vorrei vedere alcuni amici.
- E a che ora sei qui?
- Mah, non lo so esattamente … ci sono diverse possibilità, comunque so che c'è un treno di notte che arriva a Catania verso le dieci, dieci e mezzo/a. Cerco di prendere quello.

- Se arrivi a quell'ora però papà ed io non veniamo alla stazione … mi dispiace, ma …
- È lo stesso … prendo il tram e arrivo subito a casa …
- Ma se vieni a quell'ora, noi non ci siamo: alle 9 e mezzo/a abbiamo un appuntamento dal dentista e poi andiamo dalla zia Teresa che non sta molto bene …
- Ma che cos'ha?
- Sai, la sua gamba …
- Oh, quanto mi dispiace … allora ci vengo anch'io direttamente dalla stazione, non è lontano … con l'autobus sono 5 minuti … così ci vediamo dalla zia e insieme ritorniamo a casa in macchina.
- D'accordo, allora … a mercoledì.
- Ciao e cari saluti a papà e alla zia!

a. Niccolò telefona a sua madre da Milano.
b. Arriva in treno dopodomani fra le 10 e le 10 e mezzo/a.
c. Quando arriva, Niccolò va dalla zia in autobus.

5.

a. arriva **b.** parte **c.** parte **d.** arriva **e.** parte
f. arriva **g.** arriva **h.** parte **i.** arriva **j.** arriva
k. parte **l.** parte

6.

a. per; fra; **b.** delle; a; alle **c.** delle; per
d. da; alle; per; alle **e.** delle; a; **f.** per; fra; le
g. in; da; delle **h.** fra; per; alle; delle; delle
i. per; fra

7.*

a. Non arrivo a Milano il 15 marzo con il volo da Francoforte, ma solo il giorno 16 alle 21^{10} con il treno da Colonia (allora non venite all'aeroporto, ma alla stazione, se è possibile!)
b. Il tre luglio non arrivo il pomeriggio con il traghetto, ma solo verso le 19 con il volo da Napoli.
c. Carissimi, non arrivo ad Orvieto a mezzogiorno e mezzo (alla mezza) con l'autobus da Firenze, ma già alle 10 perché ho la possibilità di venire in macchina con i miei amici.

8.

a. dalla; per **b.** in; a; per **c.** a; dalla; in
d. in; al; a; dall' **e.** dalla; a **f.** a; per la
g. in; a; a (da); per **h.** in; a; per la; a; in; a
i. per la; in

10.

a. – Ah, Gino! Ma sai che arrivi tardi!
– Sì, lo so. Mi dispiace, c'è stato lo sciopero degli autobus dall'una alle 4 e così sono restato all'università.

b. – Pronto?
– Pronto. Sono Rita Bassetti. Vorrei parlare con Carlo. C'è?
– No, Carlo non è ancora arrivato da Trevignano.
– No? Come mai?
– Ha telefonato che c'è tanta nebbia e che non è possibile andare a più di 50. Arriva fra una o due ore.
– Oh grazie! Allora ritelefono più tardi.

a. 4. **b.** 3.

11.

a. Parte alle otto e due.
b. Parte alle dodici e trentacinque.
c. È arrivato alle sette e ventotto.
d. Arriva fra diciotto minuti (fra un'ora e 43 minuti).
e. Ci sono 3 possibilità: un diretto arriva alle 14^{23}, uno alle 15^{25} e c'è anche un espresso che arriva alle 16^{27}.
f. No. Fino a Reggio Calabria ci sono solo cuccette di seconda classe.
g. Bisogna esserci alle dieci e dieci.
h. C'è (Ci sono) il locale delle 18^{14} e quello delle 19^{23}.

12.*

a. – Pronto? Qui parla il signor Piani. Vorrei sapere l'orario di un volo diretto per Olbia. Vorrei partire giovedì sera o venerdì mattina e ritornare domenica o lunedì.

– Un momento, signor Piani … Allora: il giovedì e la domenica non ci sono voli diretti, bisogna cambiare a Milano … Ma è possibile prendere il volo di venerdì delle 11^{55} che arriva ad Olbia all'una e ritornare lunedì mattina con il volo che parte da Olbia alle 10^{10} e arriva a Torino alle 11^{15}.

– E venerdì non c'è un volo prima?

– No, signor Piani, c'è solo un volo diretto al giorno.

– Va bene. Allora prenoto due posti per venerdì prossimo per il volo delle 11^{55} per Olbia e un posto per lunedì prossimo per il volo delle 10^{10} da Olbia. Mia moglie vorrebbe ritornare almeno una settimana dopo (più tardi). Che altre possibilità ci sono?

– È sempre lo stesso orario per lunedì, mercoledì e venerdì.

– Allora per mia moglie il volo da Olbia per venerdì 17.

– Bene. Ed i nomi, per favore?

– Gianfranco e Angela Piani.

b. Siamo felicissimi stop Arriviamo venerdì aeroporto Olbia all'una stop saluti ed auguri mamma e papà.

13.

Oggi il signor Rossi va via di casa alle otto e un quarto di mattina, perché vorrebbe raggiungere il primo treno per Firenze, dove ha un urgente impegno di lavoro. Prende la macchina, ma non parte (funziona, va). Accidenti! Va a telefonare per chiamare un tassì (taxi) che arriva subito. Ma in via Po c'è stato un incidente e così bisogna aspettare. Allora per non perdere troppo tempo il tassista prende via Gramsci e arriva alla stazione all'ultimo minuto. Il signor Rossi paga il tassista e va al binario quattro, ma il treno è già partito! Che sfortuna! Allora va con la metropolitana all'aeroporto, ma questa mattina non ci sono voli, perché c'è nebbia. Non c'è più possibilità di arrivare in tempo a Firenze e così cerca almeno di telefonare, ma non raggiunge i suoi colleghi a Firenze. Per adesso non resta altro che ritornare a casa, ma non ci sono mezzi (di trasporto) pubblici, perché c'è sciopero. Allora prende la nave e arriva in centro. Ma la sua casa non c'è più! Va al bar vicino e domanda dov'è sua moglie. È andata via con un signore (amico)! È stanco morto, ha mal di testa e va in farmacia a prendere un' aspirina. Poi va in un hotel (albergo) dove c'è ancora una camera libera e va subito a letto. Sua moglie arriva in camera con il caffè. Il signor Rossi vede sull'orologio che sono le sette: Oh!!! Per fortuna è stato solo un sogno! E adesso presto!!! Bisogna prendere il treno per Firenze …

14 b.

1. È in arrivo al binario 7 il rapido da Genova.
2. Il rapido delle 8^{27} per Genova viaggia con 10 minuti di ritardo.
3. Il signor Ciancimino in partenza per Genova è pregato di presentarsi alla polizia ferroviaria.
4. Per un incidente sulla linea Milano – Genova tutti i treni viaggiano con 150 minuti di ritardo.
5. Controllore Gaspardi al binario 6, per favore!
6. È in arrivo al binario 6 il rapido per Genova!

1. e. **2.** f. **3.** d. **4.** c. **5.** b. **6.** a.

15.

a. Sono partiti ... **b.** No, è restata ... **c.** Lei e Rita sono arrivate ... **d.** No, ci sono stato ... **e.** No, è ritornata ... **f.** Siamo arrivati ... **g.** No, è partita ... **h.** No, sono andati ... **i.** No, ha telefonato ...

16 a.*

Fino a che ora lavora Rosanna? Quando arriva a casa? A chi telefona? Di che cosa informa i suoi amici? Fino a quando resta a casa? Che cosa va a prendere? Quando studia un po'? Che cosa studia? Dove paga i biglietti? Chi aspetta al bar del teatro? (*oder:* Dove aspetta i suoi amici?) Gli amici arrivano in tempo? Dove vanno dopo l'opera? Che cosa prendono? Quando va a letto Rosanna?

16 b.

Ieri Rosanna ha lavorato solo fino alle 4. È arrivata a casa verso le 5 e ha telefonato: ha chiamato la biglietteria del teatro e ha prenotato 3 biglietti per l'opera di ieri sera. Poi ha telefonato ai suoi amici Piero e Rita e ha informato i due della prenotazione. È restata a casa fino alle 6 e dopo le 6 è andata a prendere un po' di vino per oggi. È ritornata verso le 7 meno un quarto e fra le 7 e le 7 e mezzo ha studiato un po' per il corso di tedesco. Alle 8 è andata a teatro , ha pagato i biglietti alla biglietteria e ha aspettato i suoi amici al bar del teatro. Gli amici sono arrivati in tempo per l'opera. Dopo l'opera tutti sono andati a prendere una pizza al «Sole d'Oro». Rosanna è arrivata a casa dopo mezzanotte ed è andata subito a letto.

17.

a. Gigi è andato a Catania 10 giorni fa.
b. Maria è partita due ore fa.
c. Sono ritornato/a in Italia una settimana fa.
d. Mamma ha ritelefonato 5 minuti fa.
e. Siamo arrivati/e a Firenze un'ora fa.
f. Siamo stati/e in Sardegna un mese fa.
g. I miei amici sono partiti 3 giorni fa.
h. I Guggi sono andati in America due mesi fa.
i. Ho chiamato il dottor Gerosa mezz'ora fa.
j. Siamo andati/e a prendere Silvio un quarto d'ora fa.
k. L'autobus è partito tre minuti fa.

18.

– Pronto?
– Pronto. Sei tu, Rosella? Sono Lorenzo!
– Ah, Lorenzo! Hai fortuna, sono arrivata in questo momento da Palermo.
– Da Palermo?! Adesso capisco ... Da una settimana telefono ogni giorno! Ma come mai sei andata a Palermo senza telefonare prima ai tuoi amici?
– Mi dispiace, Lorenzo, ma sono partita da un momento all'altro. Dieci giorni fa hanno telefonato i miei amici tedeschi da Torino, due ore dopo sono arrivati qui e abbiamo parlato del viaggio in Sicilia; la mattina dopo siamo partiti insieme con la macchina ...
– Allora adesso sono qui anche i tuoi amici tedeschi ...
– No, no. Loro sono restati in Sicilia per altre due settimane. Io sono ritornata in aereo.
– Allora sei certamente troppo stanca per andare fuori stasera ...
– Ma no, non sono stanca! Ci vediamo in città o vieni qui?
– Vengo a casa tua fra le sette e mezza e le otto, va bene?
– Benissimo! A più tardi!

a. falso **b.** falso **c.** vero **d.** vero **e.** falso **f.** vero **g.** falso **h.** vero **i.** vero **j.** falso **k.** falso **l.** falso **m.** vero

19 b.

Partire la sera per non perdere giorni di vacanza · Molti hanno la buona idea di partire la sera e così per alcuni sul traghetto non c'è più posto · viaggiare di giorno

19 c.

Die erste Fassung entspricht dem Inhalt des Werbetextes.

20 a.

- Allora, Sergio? Quando parti per Friburgo?
- Oggi pomeriggio alle 6 e 10.
- Hai già il biglietto e la prenotazione?
- Ho solo i biglietti, perché?
- Se si prende il TEE bisogna prenotare, non lo sai?
- È vero, accidenti! E ora? Forse è già troppo tardi ... Che ore sono adesso, Antonietta?
- È l'una in punto.
- L'una ... allora vorrei proprio sapere fino a che ora è possibile fare la prenotazione ...
- Un momento, che controllo ...

1. Vorrebbe andare a Friburgo.
2. Vorrebbe partire con il TEE delle sei e dieci di sera (nel tardo pomeriggio).
3. Ci sono cinque ore e dieci minuti.
4. No, non ha prenotato (non ha una prenotazione).

20 b.

1. No, non c'è più tempo, solo dieci minuti.
2. No, perché bisogna fare la prenotazione 6 ore prima della partenza.
3. C'è la possibilità di telefonare alla stazione o di teleprenotarsi.

21.

a. Ho lavorato tutta la notte.
b. Ci siete stati/e tutto il mese?
c. Gino ha studiato tutta la domenica.
d. Abbiamo informato tutti gli amici.
e. Hai pagato tutto il vino?
f. Anna ci è restata tutto l'anno.
g. Ho aspettato tutto il pomeriggio.
h. Ci è andato/a con tutti i bambini?
i. Siamo stati/e in vacanza tutto il mese di aprile.
j. Ria è andata a trovare tutti i suoi conoscenti.
k. Ho rimandato tutti gli appuntamenti.
l. Non siamo stati/e bene tutta la settimana.
m. I Marchesi sono restati qui tutto il mese.
n. Sono andato/a a prendere tutta la famiglia.
o. Ho domandato a tutti gli studenti del corso.
p. Abbiamo parlato con tutti gli amici.

22.

La; vorrebbe; a che; alla - ciao - da; a; aperti; Vorrei; a; per - chiusi; il - in; le - in; in; meglio; in; aperti; la - Sono chiusi; in; la

23 b.

1. È impossibile, perché il negozio è chiuso per ferie fino al trentun luglio.
2. È impossibile, perché fino a mezzogiorno c'è sciopero dei tram.
3a. È possibile.
3b. È possibile.
4. È impossibile, perché il supermercato all'una meno venti è già chiuso (chiude a mezzogiorno e mezzo/a).
5a. È impossibile, perché la biblioteca sabato è chiusa.
5b. È possibile.
5c. È impossibile, perché domenica il museo chiude già all'una.
6. È impossibile: il citofono funziona solo durante la notte (dalle 21 alle 8) e così bisogna suonare in portineria.
7. È possibile, perché c'è l'orario turistico.

24 b.

1. Bisogna chiamare il medico! (*oder:* È meglio chiamare ...)
2. Bisogna andare a piedi.
3. Non è possibile trovare un parrucchiere aperto!
4. Non è più possibile prendere la coincidenza!
5. È meglio prenotare i posti.
6. Non è possibile visitare la mostra.
7. Bisogna andare alla stazione.

8. Bisogna mettere avanti l'orologio.
9. È meglio andare in vacanza in settembre! (*oder:* Che bello ...)
10. Non è più possibile partire per la Sicilia con la macchina.

25.

a. Ora legale: ... più ... paesi ... da ... a ... notte! ... mette ... ora solare ... tutto l' ... a ...

b. Mercoledì 10 agosto, ore 8: ... all' ... dall' ... al ... chiuso ... apre ... estivo ... è ... in ... di riposo!! ... vorrebbe ... per ... in ... perde ... trovare

26 d.

gli; partono; Nelle; non; chiudono; vanno; una; che; in; stagione; ci sono; al; fine; da (a casa di); città; le; ci sono; In; che; perché; restare (stare); Per; le (molte); in

Unità 7

1.

– (Mi chiamo; Sono) Luigi Bardi. – Ho otto anni. – (Ci vado) a piedi o con la bicicletta. – Comincia alle otto e mezzo/a. – Sì. – Verso l'una. – Nel (Il) pomeriggio faccio i compiti, sto con i miei amici o vado dai nonni e guardo la TV. – No, non sempre. (Solo se ci sono film per bambini.)

2.

Mi chiamo (Sono); ho; a; miei; di; Mio; a; con; lontana; abbiamo; dalle; all'; a; a; dalla; che; faccio; i; con; dai; Ogni (Il); alla; per; guardiamo

3.

a. Se; perché – ma **b.** Se – Ma; Se; se
c. Perché – Perché; Se – Ma – Perché; se

4.

in; dalle; a; in; a; a; All'; di; al; al; in (con la); a; alle; a; fra; con; da

5.

f. La mattina **e.** a mezzogiorno **d.** nel (il) pomeriggio **b.** prima **c.** poi **a.** la sera

6.

Frau Castelli: Come si chiama? È sposata? Ha figli? Qual è la Sua professione? A che ora si alza la mattina? Fa colazione a casa? Quando va via da casa? Come va al lavoro (all'ospedale)? Da che ora a che ora lavora? Pranza all'ospedale? Fa anche il turno di notte talvolta? Di che cosa si occupa nel tempo libero?

Herr Castelli: Da quando siete sposati? Avete figli? Dove lavora? Come va all'agenzia? Dove pranza? Fino a che ora lavora? Che cosa fa la sera dopo cena?

Herr Fabbri: Come si chiama? Dove lavora? Come va in ufficio? È sposato? Ha figli? Pranza alla mensa? E nel pomeriggio, da quando a quando lavora? Che cosa fa di sera?

Frau Chiaramonti: A che ora si alza la mattina? Dove mangia a mezzogiorno? Fino a che ora lavora? Che cosa fa dopo il lavoro? Quando arriva di solito a casa?

7.

Caro Gigi,
un'ora fa Alessandra ha telefonato da Parma. Stasera viene qui a Milano e vorrebbe vederci

(volentieri). Domani è occupata tutto il giorno (tutta la giornata), allora abbiamo solo oggi il tempo di parlare un po' insieme. Io adesso vado da Gina all'ospedale e poi vado subito alla stazione: Alessandra arriva con il treno delle 7. Purtroppo non ho più tempo di fare la spesa. Vai a prendere tu pane, vino e spaghetti, per favore? Dunque (allora) ritorno con Alessandra verso le sette e mezzo/a. Se il treno ha molto ritardo (è molto in ritardo), telefono.
Cari saluti, Carla

8.

a. Mi chiamo Giulio Cortini, ho 16 anni e vado ancora a scuola. Da due settimane abito dai miei nonni, perché mia madre è malata: è all' ospedale. La (Ogni) mattina mi alzo alle (verso le) 7, faccio colazione con i nonni e poi vado a scuola a piedi. La scuola comincia sempre alle 8. Dopo la scuola mangiamo (pranziamo) tutti insieme: anche mio nonno, che lavora ancora in farmacia, viene a pranzare a casa. Dopo pranzo la nonna si riposa ed io faccio i compiti e poi, nel (il) pomeriggio, vado a trovare mia madre, che da alcuni giorni sta meglio. Nel tempo libero mi occupo di sport e di musica: Ogni (il) martedì vado alla lezione di chitarra e quasi ogni sabato i miei amici ed io facciamo un po' di jazz.

b. Mi chiamo (Sono) Gianni Costa, ho 48 anni e sono sposato. Abbiamo un figlio di 21 anni che adesso studia in Austria, a Vienna. Io abito e lavoro qui a Milano: sono impiegato alla Montedison. Vado a lavorare con la bicicletta, perché la ditta è qui vicino/a: sono solo 5 minuti da casa mia. A pranzo non mangio a casa, perché ho solo una pausa molto breve e anche mia moglie lavora: è infermiera. Lavoro dalle 8 alle 5 e due volte alla settimana, subito dopo l'ufficio, frequento un corso di spagnolo, perché sono corrispondente estero e talvolta faccio anche traduzioni di lettere dallo spagnolo in italiano per la mia ditta.

c. Il mio nome è Isabella Brai, ho 32 anni e da due anni sono sposata: mio marito si chiama Cesare. Non abbiamo (ho) ancora bambini. Mio marito ed io lavoriamo insieme in un'agenzia immobiliare. Ogni giorno verso le otto e mezzo/a andiamo insieme all' agenzia in (con la) macchina. A mezzogiorno non andiamo a casa, ma mangiamo (pranziamo) insieme in un piccolo ristorante che è vicino all'agenzia. Lavoriamo fino alle 6 di sera. Poi facciamo la spesa o passiamo dai genitori di Cesare. Arrivati a casa io preparo (faccio) la cena. Nel tempo libero mi occupo di sport. Il fine-settimana mio marito ed io andiamo spesso in montagna a sciare e durante i mesi estivi andiamo in barca a vela sul lago di Bracciano. Ma talvolta restiamo in città, ci riposiamo, io vado dal parrucchiere e la sera andiamo a teatro o da amici.

9 a.

Mi chiamo Inge Schünke e ho cinquant'anni. Da dieci anni abito e lavoro qui a Düsseldorf: sono segretaria alla Mannesmann. Sono sposata e ho una figlia che da due anni studia a Tübingen.
Durante la settimana (i giorni feriali) mi alzo ogni giorno alle sette, faccio colazione con mio marito e poi vado in (con il) tram in ufficio. Mio marito prende la macchina, perché la sua ditta è abbastanza lontana. Lavoro dalle otto e mezzo/a alle quattro e mezzo/a con una pausa di mezz'ora a mezzogiorno. Talvolta mangio (pranzo) alla mensa, ma di solito (in genere) (re)sto in ufficio. Abbiamo molti clienti stranieri e per questo faccio spesso traduzioni dall'inglese e dal francese o scrivo lettere in inglese.
Quasi sempre sono a casa solo verso le sei, perché dopo l'ufficio (il lavoro) faccio la spesa o

vado a trovare mia madre. Alle 7 mangiamo insieme, poi guardiamo la tivù o andiamo un po' fuori. Talvolta vengono a trovarci anche amici. Ogni mercoledì sera frequento (vado ad) un corso d'italiano, perché quest'anno in vacanza vorrei andare in Italia.

9b.

La signora si chiama ... ha ... abita e lavora ... è ... è ... ha ... si alza ... fa ... con suo marito ... va ... Suo marito ... Lavora ... mangia (pranza) ... (re)sta ... fa ... scrive ... è ... fa la spesa ... va a trovare ... mangiano ... guardano la TV ... vanno fuori ... vengono ... a trovare i Schünke. ... la signora frequenta (va ad) ... vorrebbe andare ...

10.

La signorina Gigli dorme fino alle sette e alle otto meno un quarto fa colazione. Alle 8 e un quarto va via da casa con la (in) macchina, arriva in ufficio alle 8 e mezzo/a e comincia subito il lavoro. A mezzogiorno e mezzo/a va a mangiare alla mensa. Nel pomeriggio lavora fino alle cinque e mezzo/a e dopo va dal parrucchiere. La sera verso le sette e mezzo guarda un po' la TV e poi va con amici in discoteca.

11.

a. Ci – mi **b.** vi – mi; si **c.** Vi – si **d.** ti – ci **e.** Ti **f.** Vi – ci

12.

a. Vado via per qualche settimana.
b. Vado al bar con qualche amico.
c. Ci siamo stati qualche volta.
d. Qualche collega è molto simpatica.
e. I Weber restano qui per qualche giorno.
f. Ci sono stata con qualche amica.
g. In questo corso c'è anche qualche studentessa inglese.
h. Gigi lavora qui da qualche mese.
i. Da qualche anno abitiamo a Heidelberg.
j. All'ospedale c'è anche qualche medico tedesco.
k. Se si fa un viaggio in macchina bisogna fare qualche pausa.
l. Il pomeriggio ho qualche ora libera.
m. All'università c'è anche qualche corso di cinese.
n. C'è ancora qualche posto libero.
o. Il treno parte fra qualche minuto.
p. Qualche negozio è aperto fino alle nove.
q. È arrivato qualche minuto fa.
r. In questo mese c'è stato qualche sciopero.
s. Il signor Cerosa è partito qualche giorno fa.
t. All'albergo «Sabbia d'Oro» c'è ancora qualche camera libera.
u. Qualche museo è aperto anche il lunedì.
v. Qualche dentista riceve anche il sabato.
w. In qualche ospedale ci sono troppo poche infermiere.

13.*

a. Lorenza Baldi ha venti anni ed è di Padova. Abita ancora dai suoi genitori e ha due fratelli di 15 e 17 anni. Studia biologia all'università di Bologna. Quattro volte alla settimana ci va in (con il) treno e alla stazione di Bologna prende l'autobus per andare all'università. Talvolta fa anche l'autostop. A mezzogiorno mangia alla mensa con amici. Il pomeriggio guadagna un po' con qualche lezione privata. Si interessa di musica classica e va spesso al concerto, a Padova o a Bologna. Se c'è un concerto a Bologna, dorme di solito da un'amica.

b. Mario Calligaris ha 58 anni e abita con sua moglie a Torino. I suoi due figli sono già sposati. È impiegato alla FIAT dove va ogni giorno in macchina. A mezzogiorno non ritorna a casa, ma mangia alla mensa. Si occupa di lingue straniere e ogni martedì frequenta un corso di francese.

c. Franco Capuzzo ha trentun anni ed è operaio alla Marelli di Milano. Ci va tutti i giorni con la metropolitana, perché abita da sua sorella in provincia di Milano, a Gorgonzola. Si occupa di sport.

d. Gianna Trapani ha trent'anni, non è sposata e abita con sua madre a Cagliari. Da lunedì a venerdì insegna il tedesco al «Liceo Giuseppe Garibaldi». Ci va a piedi, perché è vicino a casa sua. Pranza a casa con sua madre. Si interessa di pittura e visita molte mostre. Va spesso in Germania, dove ha molti conoscenti.

e. Aldo Giammarusco ha 28 anni, è di Catania, ma da 6 anni abita a Berlino. È sposato con una tedesca e i due hanno un figlio di 2 anni. Il signor G. è parrucchiere e ogni giorno va al negozio in (con l') autobus. Lavora dalle otto alle sei e a mezzogiorno non va a casa, ma qualche volta mangia in una piccola pizzeria. La sera va spesso fuori con sua moglie, perché per il bambino viene la madre di sua moglie (quando è possibile).

14.

a. fate – facciamo; fanno; fa **b.** fai – faccio – fai **c.** fai – faccio; faccio; facciamo; fare **d.** Facciamo – fare – faccio – facciamo **e.** fai – faccio **f.** fanno – fa **g.** fanno – faccio

15.

a. Prende … o resta …? **b.** Pranza … o mangia …? **c.** Fa … o prende …? **d.** Scrive … o telefona …? **e.** Parte … o resta …? **f.** Va … o si riposa …? **g.** Va … o guarda …? **h.** Prende … o mangia …? **i.** Va … o resta …? **j.** Prende … o va …? **k.** Va … o fa …? **l.** Va … o dorme …?

16.

a. Ugo si alza alle 6. – Anche i Rossi si alzano alle 6.
b. Luigi mangia alla mensa. – Anche Pino e Gina mangiano alla mensa.
c. Carla guadagna poco. – Anche le sue amiche guadagnano poco.
d. Gino parte domani. – Anche i miei genitori partono domani.
e. Tina prende il treno delle 9. – Anche i Palù prendono il treno delle 9.
f. Tea si riposa dopo pranzo. – Anche i nonni si riposano dopo pranzo.
g. Anna cucina solo la sera. – Anche Pia e Tino cucinano solo la sera.
h. Gianna spende molto. – Anche le sue colleghe spendono molto.
i. Teo abita in centro. – Anche i suoi amici abitano in centro.
j. Mamma arriva qui sabato. – Anche gli zii arrivano qui sabato.
k. Isa si occupa di folklore. – Anche i Crispi si occupano di folklore.
l. Pia vive a Como. – Anche i miei genitori vivono a Como.
m. Leo guarda spesso la TV. – Anche i miei figli guardano spesso la TV.
n. Toni dorme ancora. – Anche i miei bambini dormono ancora.
o. Mio marito ritorna stasera. – Anche i miei ritornano stasera.
p. Carlo abita qui vicino. – Anche i de Luca abitano qui vicino.

17 b.

… vivono a Genova e non hanno bambini. Lavorano in un ufficio di assicurazioni a Genova in centro. La mattina si alzano verso le 7 e mezzo e vanno via da casa alle 8 e mezzo. Restano in ufficio fino alle 7 di sera. Di solito pranzano in una piccola trattoria vicino all'ufficio, ma, se non hanno tempo, prendono solo qualcosa al bar.
Al fine-settimana si riposano e dormono fino alle 10 circa o partono molto presto e vanno con amici al mare o in montagna a sciare. Qualche volta lavorano anche il sabato, ma poi hanno una giornata libera e stanno al mare o in montagna anche il lunedì.

18.

Mi chiamo / Sono … abito / vivo … La mattina / Di mattina … a lavorare / al lavoro … verso le / alle … fino alle 6 / dalle 9 alle 6 … A mezzogiorno / all'ora di pranzo … pranzo / mangio … da mia madre / a casa di mia madre … cucina / sa cucinare … molto bene / benissimo … La domenica / Di domenica … qualche volta / talvolta … Mia moglie però / Mia moglie invece … tutta la settimana / ogni giorno … qualcosa / la cena ….

19. [oo]

- Pronto? Chiara? Mi dispiace, ma domani non mi è proprio possibile venire a prenderti per andare in ufficio, perché ho la macchina in officina e sono anch'io a piedi …
- Oh, ma Livia, non fa niente! Domani prendiamo insieme l'autobus! Quello delle 8 e mezzo va bene, vero?
- D'accordo! Allora domani mattina ci incontriamo al bar in piazza Bra alle 8 e un quarto.
- Sì, va bene. Ciao e grazie della telefonata!

- Ciao, Francesca. Stasera alle sette ci incontriamo tutti a casa di Gino e poi vediamo dove andare. Vieni anche tu?
- Ma io lavoro all'ospedale fino alle sette e mezzo e non arrivo da Gino prima delle otto, otto e un quarto.
- Allora restiamo da Gino fino alle otto e un quarto e poi, quando arrivi, andiamo via tutti insieme. Va bene?
- Oh sì, grazie!

a. 3. **b.** 4.

20.

a. se – quando **b.** quando – Se **c.** quando – se **d.** quando **e.** Se **f.** quando – se – se – se (quando) **g.** Se; quando **h.** Quando – se **i.** quando; se

21.

sa – Se – si – so – su

22 a.

in; a (di); in; vive (abita); in; al; in (con la); costa; Con; della; andare; giù; se; di; Da; a; linea; cambiare; alla; andarci; a; finisce; di; perde; a; le; quando; suoi; a; lui; vanno; comincia; presto; dalle; all'; al (in); libero per

22 b.*

Dove abita? Qual è la Sua professione? La fabbrica è vicino a casa Sua? Come va al lavoro (in fabbrica)? Perché non ci va in macchina? C'è una linea diretta da casa Sua a Udine o bisogna cambiare treno? Quanto tempo dura il viaggio? Come arriva dalla stazione alla (in) fabbrica? A che ora finisce di lavorare? È sempre possibile prendere la coincidenza? Quando arriva di solito a casa? Ha tempo per i bambini la sera? Va a dormire tardi? Anche Sua moglie lavora? Dove? (Che cosa fa?) Quando (A che ora) finisce di lavorare Sua moglie?

23.

a. se; si; se – se – si **b.** Si – Se; si **c.** se – Se; se; si – si; se; si; si **d.** se; si – se; se – se; si **e.** Se; si; si; si; si; si – se

24.

a. – Abita vicino all'università? – No, abita abbastanza lontano dall'università.

b. – Abitate vicino alla scuola? – No, abitiamo lontano dalla scuola.

c. – Abita vicino alla Sua famiglia? – No, abito … lontano dalla mia famiglia.

d. – Abita vicino all'ospedale? – No, abita … lontano dall'ospedale.

e. – Abitate vicino alla stazione? – No abitiamo … lontano dalla stazione.

f. – Abiti vicino all'ufficio? – No, abito … lontano dall'ufficio.

g. – Abita vicino allo studio? – No, abito … lontano dallo studio.
h. – Abitate vicino ai vostri nonni? – No, abitiamo … lontano dai nostri nonni.
i. – Abiti vicino alla città vecchia? – No, abito … lontano dalla città vecchia.
j. – Abita vicino all'agenzia? – No, abito … lontano dall'agenzia.
k. – Abita vicino alla Sua ditta? – No, abito … lontano dalla mia ditta.
l. – Abita vicino al suo posto di lavoro? – No, abita … lontano dal suo posto di lavoro.
m. – Abiti vicino alla fabbrica? – No, abito … lontano dalla fabbrica.
n. – Abitate vicino a vostro zio? No, abitiamo … lontano da nostro zio.
o. – Abiti vicino ai tuoi amici? – No, abito … lontano dai miei amici.
p. – Abita vicino alla banca dove lavora? No, abito … lontano dalla banca.
q. – Abiti vicino al liceo? – No, abito … lontano dal liceo.
r. – Abita vicino ai Suoi genitori? No, abito … lontano dai miei genitori.
s. – Abitate vicino al vostro negozio? – No, abitiamo … lontano dal nostro negozio.
t. – Abiti vicino al centro storico? – No, abito … lontano dal centro storico.
u. – Abitate vicino a vostra zia? – No, abitiamo … lontano da nostra zia.

25.

a. – Arriva (Arrivate) …? – No, non arrivo (arriviamo) mai tardi.
b. – Mangia (Mangiate) …? – No, non mangio (mangiamo) mai alla mensa.
c. – Lavora (Lavorate) …? – No, non lavoro (lavoriamo) mai il sabato.
d. – Va (Andate) …? No, non vado (andiamo) mai a letto tardi.
e. – Guarda (Guardate) …? – No, non guardo (guardiamo) mai la TV.
f. – Prende (Prendete) …? – No, dopo pranzo non prendo (prendiamo) mai un caffè.
g. – Spende (Spendete)…? – No, non spendo (spendiamo) mai molto in vacanza.
h. – Cucina (Cucinate) …? – No, non cucino (cuciniamo) mai.
i. – Va (Andate) …? No, non ci vado (andiamo) mai in tram.
j. – Studia (Studiate) …? – No, non studio (studiamo) mai la sera.
k. – Va (Andate) …? – No, non ci vado (andiamo) mai a piedi.
l. – Dorme (Dormite) …? No, non dormo (dormiamo) mai fino alle 11.
m. – Ritorna (Ritornate) …? – No, non ci ritorno (ritorniamo) mai dopo mezzanotte.
n. – Sta (State) …? – No, non sto (stiamo) mai bene.

26 a.*

Quanti anni ha la signorina? Dove vive? Dove lavora? Quante volte la (alla) settimana ci va? Da quando ha ricominciato a studiare? Quando comincia il corso serale? Ci va ogni sera? Va in ditta ogni lunedì? Ci va a piedi? Chi passa a prendere? Quando arriva in ufficio? Dove pranza di solito? Dove mangia se c'è molto lavoro in ditta? A che ora arriva a casa? Con chi si incontra dopo cena? Come va alla scuola serale? Che cosa fa dopo le lezioni?

26 b.

Anche ieri la signora si è alzata alle 7, si è preparata, è passata a prendere la sua collega in macchina e sono andate insieme al bar a prendere un caffè. Hanno lasciato la macchina nel parcheggio della ditta e sono arrivate in ufficio prima delle otto. Alle undici, durante una breve pausa, la signora è andata al bar a prendere un toast.
Ieri in ditta c'è stato molto lavoro e così all'ora di pranzo non è andata a mangiare da sua

sorella, ma ha mangiato solo qualcosa al bar. È arrivata a casa verso le sei abbastanza stanca, si è cambiata, si è preparata qualcosa per cena, si è incontrata con la sua amica e sono andate insieme a scuola. Dopo le lezioni ha portato la sua amica a casa in macchina, ha guardato le notizie alla TV e verso mezzanotte è andata a dormire.

27.

a. – Sei gia stato/a in Germania? – Sì, ci sono stato/a …
b. – Il tuo amico è già stato dai tuoi genitori? – No, non c'è ancora stato.
c. – Siete già stati/e al lago di Bracciano? – No, non ci siamo mai stati/e.
d. – Alessandro è già stato in Riviera? – Sì, c'è stato …
e. – I tuoi amici sono già stati in Francia? – No, non ci sono mai (ancora) stati.
f. – Gianna è già stata dai Franchi? – Sì, c'è stata …
g. – Suo padre è già stato in America? – No, non c'è mai (ancora) stato.
h. – I Cosciani sono già stati a Palermo? – Sì, ci sono stati …
i. – La tua amica è già stata a casa vostra? – No, non c'è ancora stata.
j. – Gigi è già stato alla festa dell'Unità? – Sì, c'è stato …
k. – Gina e Pia sono già state da Claudia? – Sì, ci sono state …
l. – Gisela è già stata alla sagra dei funghi? – No, non c'è mai (ancora) stata.

28.

a. Se andiamo a mangiare fuori, preferiamo questo ristorante; è in centro ed è aperto dal lunedì al sabato. In luglio o agosto, se siamo in città, di solito ci andiamo dopo il cinema, insieme ai nostri amici, perché qui è possibile mangiare fino a mezzanotte.

b. Ci andiamo spesso perché è comodo, anche se è un po' fuori città. Per il parcheggio non ci sono problemi. Non è un ristorante moderno, ma si mangia bene, non si spende molto e c'è molta atmosfera. Siccome è sempre ben frequentato, bisogna prenotare … una volta alla settimana poi hanno chiuso … il giovedì o il mercoledì, non lo so esattamente …

c. Io sono per le cose tradizionali e preferisco le specialità della nostra cucina regionale. Per questo, a Milano, vado spesso in un ristorante dove si mangia molto bene, c'è sempre un po' di musica e c'è molta gente interessante.

a. 2. **b.** 1. **c.** 3.

29.

a. Vado nella biblioteca dell'università.
b. Ci incontriamo nel centro storico?
c. Sono stato/a nella chiesa di San Lorenzo.
d. Adesso lavora nell'ufficio di mio zio.
e. Ho lasciato le lettere nella macchina del mio collega.
f. Ci vado nell'agosto dell'anno prossimo.
g. Carlo è nella camera di Giulietta.
h. Abito nell'albergo dove sono stato a Pasqua.
i. Ha lasciato la spesa nel tram numero 4.
j. Preferisco andare nella discoteca che è qui vicino.
k. Ci incontriamo nella città vecchia.

30.

– È meglio abitare nel centro storico o in periferia?
– … Carlo preferisce abitare …
– È meglio lavorare dalle otto all'una e mezzo o dalle otto alle due?
– … molti colleghi preferiscono lavorare …
– È meglio vivere a Milano o a Segrate (nella/in provincia di Milano)?

- … i bambini preferiscono abitare …
- È meglio mangiare alla mensa o alla trattoria Da Ginetta?
- … preferiamo mangiare …
- È meglio fare la spesa al supermercato o al mercato?
- … mia madre preferisce fare la spesa …
- È meglio fare il turno normale o il turno di notte?
- … mio marito preferisce fare …
- È meglio prendere l'autostrada o la superstrada?
- … mia moglie preferisce prendere …
- È meglio visitare la mostra di pittura moderna, il centro storico o il museo della tecnica?
- … io preferisco visitare …

31.

a. dà **b.** dai **c.** do **d.** dà **e.** dai **f.** date **g.** dato **h.** Diamo **i.** dai **j.** danno

32.

Mia sorella si è interessata (occupata) per alcuni anni di moda.
Mi sono occupato/a dei bambini durante il pomeriggio.
Vi siete informati dei prezzi dell'albergo? (Lei si è informato/a …)
Ci siamo alzati molto tardi la domenica.
Mi sono incontrato/a con alcuni amici in centro.
Ti sei comprato/a un vestito nuovo per la festa?
Teo si è preparato per i prossimi esami.
I Ciulli si sono divertiti molto alla festa.

33.*

a. … Sono passata da mia madre e alle sette e un quarto sono arrivata a casa. Mi sono riposata un po', poi ho preparato la cena e ho mangiato con amici. Dopo cena siamo andati tutti insieme in discoteca. Sono ritornata a casa molto tardi.

b. Ieri ho lavorato molto in ufficio: ho telefonato ad alcuni clienti in Francia e in Germania, ho finito una traduzione per un collega malato. A mezzogiorno sono passato alla stazione e ho prenotato due cuccette per Roma. Dopo l'ufficio sono andato a casa, ho cenato con la famiglia e poi ho guardato il telegiornale. Sono andato a dormire molto presto.

c. Ieri mi sono alzata presto la mattina. Ho comprato il giornale e ho guardato gli annunci. Mi sono informata per telefono di alcune possibilità di lavoro e ho trovato un lavoretto in ospedale per tre mesi! Nel (Il) pomeriggio ho dato una lezione privata di francese, così ho guadagnato un po'. La sera mi sono incontrata con i miei amici in centro: abbiamo parlato insieme fino a tardi. Verso mezzanotte sono ritornata a casa in (con il) tram.

d. Ieri abbiamo dormito fino a tardi. Non abbiamo (mia moglie non ha) cucinato, ma siamo andati in città, ci siamo incontrati con i Rossi e siamo andati insieme in un ristorante nel centro storico. Abbiamo mangiato benissimo! Durante il pranzo abbiamo parlato delle vacanze. Nel pomeriggio siamo ritornati a casa nostra e ci siamo occupati di alcuni lavori in casa. Verso le otto e mezzo/a abbiamo cenato e dopo cena abbiamo guardato un film alla TV. Siamo andati a letto a (verso, dopo) mezzanotte.

e. Ieri ci siamo alzate presto e siamo andate in (con il) treno a Roma per (a) cercare due camere per il prossimo anno accademico. Abbiamo comprato diversi giornali e abbiamo guardato gli annunci. Poi abbiamo telefonato in giro e siamo andate a guardare qualche camera, ma siamo arrivate sempre troppo tardi! Finalmente abbiamo trovato un piccolo appartamento per due persone in centro. Siamo state molto felici e ci siamo incontrate con alcuni amici romani. La notte siamo restate a Roma: abbiamo dormito da un'amica. Oggi siamo ritornate a Frosinone.

34 a.

La signora Cossi alle 7 e un quarto di mattina lascia il suo appartamento per andare in ufficio ed incontra Piero, il figlio dei vicini.
- Ciao Piero. Già alzato? Così presto?
- Buon giorno, signora Cossi. Sono andato giù a prendere il giornale per guardare gli annunci ...
- Hai trovato qualcosa?
- No, in questo momento ci sono pochi posti di lavoro e troppi giovani disoccupati. È veramente difficile ... Sa, da quando ho la maturità ogni giorno scrivo lettere a destra e a sinistra, mi informo all'ufficio del lavoro e presso diverse ditte, compro il giornale, ma tutto senza risultati!
- Ah, lo so. È un momento veramente molto difficile ... e che cosa fai, tutto il giorno?
- Mah, faccio qualche lavoretto, dò lezioni ...
- A proposito: Rosetta a scuola non va bene in matematica, porta a casa 5, 4 e anche 3 l'uno dopo l'altro e se non troviamo una soluzione va a finire male!
- Sì, so che ha sempre problemi con la professoressa ...
- Beh, sì, la professoressa ... ma tu sai com'è Rosetta: non è una ragazza che studia molto, preferisce fare altre cose, lei ...
- Ma è normale, no?
- Certo, ma per restare al liceo bisogna lavorare di più. Ecco, per questo vorrei domandare se hai tempo per alcune lezioni di matematica. L'anno passato hanno funzionato bene, tu sei un bravo insegnante ...
- Grazie signora, lo faccio con piacere: Rosetta è una ragazza intelligente ed io adesso ho molto tempo libero. Le mattine sono in giro, ma i pomeriggi sono a casa.
- Benissimo. E quando hai tempo, questa settimana?
- Domani o se preferisce, anche oggi pomeriggio ...
- Allora cominciate già oggi! Chiamo Rosetta dall'ufficio: oggi finisce la scuola all'una e all'una e mezzo è già a casa. Vieni tu a casa nostra, vero? Mamma mia che tardi! Ciao Piero, buona giornata e ... in bocca al lupo!
- Grazie, signora, e arrivederci!

a. falso **b.** vero **c.** vero **d.** falso **e.** vero **f.** falso **g.** vero **h.** falso **i.** falso

36.

a. Mentre; durante **b.** durante; mentre
c. durante; mentre; durante; mentre
d. durante **e.** Mentre **f.** durante; mentre
g. Durante; mentre **h.** Mentre; durante
i. Durante; mentre

37.

- Pronto, sei tu, Giacomo?
- Sì, sono io. Che cosa c'è?
- Annina oggi non è andata all'asilo perché non sta bene ...
- E che cos'ha?
- Solo un po' di febbre, ma è meglio se oggi sta a letto. Per questo oggi resto a casa ... senti ... vai tu a fare la spesa dopo l'ufficio? ... altrimenti ci vado io ... ma sai, non vorrei andare via e lasciare la piccola da sola ...
- Ma no! Cerco di andarci io. Che cosa prendo?
- Non c'è più pane, vino e caffè.
- D'accordo ... ma non arrivo a casa prima delle 7 e mezzo ...
- Allora mangiamo più tardi, stasera.
- ... sai, il mio collega oggi non è venuto e qui c'è una montagna di lavoro.
- Oh, Giacomo, mi dispiace ... ma non so proprio ...

– Ma non fa niente: quando ho finito qui passo al negozio e ti prendo tutto ... ma adesso ciao, eh!
– Ciao e grazie tante!
– Prego, prego ... e un bacio ad Annina!

a. 1. **b.** 3. **c.** 4. **d.** 2.

38.

chiamo; abito (vivo); venuta; vive (abita); (ri)cominciato; trovato; alzo; faccio; porto; va; Vado; lavoro; trovo; ho; va; è; cucina (prepara il pranzo); arrivo (vengo); mangiamo (pranziamo); andiamo; occupo; metto; faccio; trovato; viene; pulire; ho; fare; sono; vado; conosco.

39.

a. Cerco un lavoro perché sono disoccupato. Siccome sono disoccupato, cerco un lavoro. Sono disoccupato e perciò cerco un lavoro.
b. Io preparo il pranzo per tutti, perché mia moglie lavora fino alle due. Siccome mia moglie lavora fino alle due, io preparo il pranzo per tutti. Mia moglie lavora fino alle due e perciò preparo il pranzo per tutti.
c. Ha molto tempo libero, perché vive sola e non lavora. Siccome vive sola e non lavora, ha molto tempo libero. Vive sola e non lavora e perciò ha molto tempo libero.
d. Mangio sempre a casa, perché mia moglie cucina molto bene. Siccome mia moglie cucina molto bene, mangio sempre a casa. Mia moglie cucina molto bene e perciò mangio sempre a casa.
e. Non conosco molta gente, perché sono qui da poco. Siccome sono qui da poco, non conosco molta gente. Sono qui da poco e perciò non conosco molta gente.
f. Lavoro alcune ore in uno studio, perché vorrei fare l'architetto. Siccome vorrei fare l'architetto, lavoro alcune ore in uno studio. Vorrei fare l'architetto e perciò lavoro alcune ore in uno studio.
g. Ho ricominciato a lavorare, perché mio marito non guadagna molto. Siccome mio marito non guadagna molto, ho ricominciato a lavorare. Mio marito non guadagna molto e perciò ho ricominciato a lavorare.
h. Metto a posto la casa nel pomeriggio, perché lavoro la mattina. Siccome lavoro la mattina, metto a posto la casa nel pomeriggio. Lavoro la mattina e perciò metto a posto la casa nel pomeriggio.
i. Guardo ogni giorno gli annunci, perché non ho ancora trovato lavoro. Siccome non ho ancora trovato lavoro, guardo ogni giorno gli annunci. Non ho ancora trovato lavoro e perciò guardo ogni giorno gli annunci.
j. Lascio la macchina a casa, perché l'ufficio è vicino a casa mia. Siccome l'ufficio è vicino a casa mia, lascio la macchina a casa. L'ufficio è vicino a casa mia e perciò lascio la macchina a casa.
k. Sono arrivato troppo tardi al lavoro, perché c'è stato molto traffico. Siccome c'è stato molto traffico, sono arrivato troppo tardi al lavoro. C'è stato molto traffico e perciò sono arrivato troppo tardi al lavoro.
l. Mi alzo già alle 5 di mattina, perché lavoro al panificio. Siccome lavoro al panificio, mi alzo già alle 5 di mattina. Lavoro al panificio e perciò mi alzo già alle 5 di mattina.
m. Studio ogni pomeriggio, perché fra un mese comincia l'esame di maturità. Siccome fra un mese comincia l'esame di maturità, studio ogni giorno. Fra un mese comincia l'esame di maturità e perciò studio ogni giorno.
n. Ho il tempo di dare qualche lezione, perché la mattina i bambini sono all'asilo. Siccome la mattina i bambini sono all'asilo, ho il tempo di dare qualche lezione. La mattina i bambini sono all'asilo e perciò ho il tempo di dare qualche lezione.
o. Non compriamo una macchina nuova, perché mio marito è disoccupato da tre

mesi. Siccome mio marito è disoccupato da tre mesi, non compriamo una macchina nuova. Mio marito è disoccupato da tre mesi e perciò non compriamo una macchina nuova.

p. In vacanza non vorrei spendere tanto, perché non guadagno ancora molto. Siccome non guadagno ancora molto, in vacanza non vorrei spendere tanto. Non guadagno ancora molto e perciò in vacanza non vorrei spendere tanto.

q. Vado da un'amica americana, perché vorrei imparare l'inglese. Siccome vorrei imparare l'inglese, vado da un'amica americana. Vorrei imparare l'inglese e perciò vado da un'amica americana.

40.*

a. Franco Busella è nato nel 54, non è sposato. È impiegato e in ditta ci va quasi sempre in (con la) macchina, perché non abita in centro. A mezzogiorno ha una pausa di tre ore e così va a casa e cucina. Finisce il lavoro alle sette. Ha molti amici e perciò va spesso fuori. (Siccome ha molti amici, va ...) Si interessa di politica e di sport, ma ogni tanto va anche al concerto.

b. Nino Cattin ha 59 anni e dal 58 vive a Stoccarda: è sposato con una tedesca. Abita in centro e così va in ufficio a piedi. Pranza alla mensa della ditta e nel pomeriggio lavora fino alle 4 e mezzo/a. La (Di) sera non guarda quasi mai la TV: preferisce andare fuori o va con sua moglie a trovare amici. Conosce molti italiani a Stoccarda. Ha due figli: uno lavora alla Mercedes-Benz come meccanico (uno è meccanico alla ...), l'altro da mezz'anno è disoccupato.

c. Gina Lagorio è nata a Roma nel 1930, ma da trent'anni vive (abita) a Bologna. È sposata, ha due bambini ed è casalinga. Dalle nove di mattina in poi è sola in (a) casa: il marito lavora in un grande albergo e ci (dove) va con la (in) macchina; la figlia studia ancora e va all'università con il (in) tram o con la (in) bicicletta: il figlio lavora in un'agenzia turistica (ufficio viaggi) e ci va in (con l') autobus. La mattina la signora Lagorio mette a posto la casa, pulisce e va a piedi a fare la spesa. A mezzogiorno non cucina, perché il marito e i figli mangiano in città. Il (Nel) pomeriggio è spesso in giro: si incontra con conoscenti, guarda i negozi ... Dalle otto in poi sono tutti a casa e cenano insieme.

d. Maria Cleve ha ventott'anni, non è sposata ed è insegnante d'italiano. Dalla morte di suo padre nell'ottantuno vive con sua madre a Colonia. Va a scuola in (con la) macchina, insieme con (a) due colleghe. A mezzogiorno sua madre cucina per lei (... mangia con sua madre). Conosce alcune famiglie italiane a Colonia e si incontra spesso con amici nel Centro Italiano. Si interessa di arte, va spesso al museo e visita delle mostre (esposizioni).

41.

a. a **b.** a – di; a – a **c.** a **d.** a – di; da
e. –; – – di; a **f.** a; –; a – di **g.** di; a – –
h. a – di **i.** di – da **j.** a; di **k.** di – da
l. di; a; – – a – a

42.

a. – Dove andate? – Andiamo a prendere nostra zia. – E dove sta vostra zia? – In via Roma. / Vanno a prendere la loro zia che sta in via Roma.

b. – Dove vanno i Ricci? – Vanno a telefonare ai loro figli. – E dove vivono i loro figli? – A Modena. / Vanno a telefonare ai loro figli che vivono a Modena.

c. – Dove va Gianna? – Va a chiamare la sua amica. – E dov'è la sua amica? – All'università. Va a chiamare la sua amica che è all'università.

d. – Dove va la signora Rodi? – Va a trovare sua madre. – E dove abita sua madre? – A Reggio. / Va a trovare sua madre che abita a Reggio.
e. – Dove va la signora Ciulli? – Va a prendere suo marito. – E dov'è suo marito? – Da sua madre. / Va a prendere suo marito che è da sua madre.
f. – Dove vai? – Vado a telefonare ai miei amici. – E dove abitano i tuoi amici? – In centro. / Va a telefonare ai suoi amici che abitano in centro.
g. – Dove vanno i Crispi? – Vanno a trovare la loro conoscente tedesca. – E dove abita la loro conoscente? – A Mannheim. / Vanno a trovare la loro conoscente tedesca che abita a Mannheim.
h. – Dove andate? – Andiamo a prendere i nostri genitori. – E dove si trovano i vostri genitori? – In Riviera. / Vanno a prendere i loro genitori che si trovano in Riviera.

43.

si alza; comincia; lavora; apre; fa; Prende; va; Va; abita; lascia; riceve; arriva; aspettare; sta; legge; passa; si sente; ha; sta; arriva; dorme; vengono; cucina; Mangiano; mette; aiutano; Ritorna; prende; va; porta; mangia; guarda; va

44.

parlare; andare; scrivere; capire; ascoltare (sentire); leggere

45.

a. La signora ha bisogno del giornale di oggi.
b. I Rossi hanno bisogno di una baby-sitter.
c. Avete bisogno del numero di Gianni?
d. Ho bisogno delle mie chiavi.
e. Lei, signora, ha bisogno di un avvocato?
f. Abbiamo bisogno degli sci di Giulia.
g. Hai bisogno della lettera di Nina?
h. Ho bisogno di amici.
i. Ho bisogno dell'orario ferroviario.
j. Abbiamo bisogno dei biglietti.
k. Anna ha bisogno della rivista «Amica».
l. I Dolci hanno bisogno di un nuovo appartamento.
m. Hai bisogno della bicicletta?
n. Ho bisogno delle mie medicine.
o. Ha bisogno della traduzione della lettera?
p. Ho bisogno di qualcuno per i lavori di casa.

46.

della; di; del; dell'; degli; del; della; delle; dei; dell'; di; delle; di; di; della

47.

a. nel **b.** nel; nella **c.** Nei **d.** nella **e.** nei; negli **f.** nel **g.** nella **h.** nelle; nell' **i.** nello

48.

a. vero **b.** falso **c.** vero **d.** vero **e.** falso **f.** falso **g.** vero **h.** vero **i.** vero **j.** falso

49.

Ho 63 anni, sono pensionata e abito in provincia, non tanto lontano da Colonia. Da 3 anni, dalla morte di mio marito, vivo sola. Ho tre figli: mio figlio Robert abita a Düsseldorf, dove lavora in un ufficio; è sposato e sua moglie è (fa l') insegnante; non hanno ancora bambini. Mio figlio Willi invece abita vicino a casa mia, è sposato e ha due bambini di 11 e 12 anni. Da tre anni lui e sua moglie hanno il nostro negozio (lavorano nel nostro negozio), dove ogni tanto aiuto anch'io un po': lo faccio molto volentieri, perché conosco bene i clienti.
Mia figlia Gertrud studia ancora e abita a Bonn dove ha anche un lavoretto. Al (Il) fine-settimana i miei figli sono spesso a casa mia ed io ogni tanto vado a trovare Gertrud o Robert e sua moglie. Una volta alla settimana frequento (vado a) un corso di ginnastica, il (ogni) venerdì pulisco la casa e la domenica vado in chiesa (alla messa). Ascolto volentieri la radio, la (di) sera però preferisco guardare la TV, ma solo

fino alle 10, perché non vado mai tardi a letto. I miei vicini sono molto gentili e aiutano sempre quando (se) ho bisogno di qualcosa. Due o tre volte all'anno vado a trovare i miei parenti vicino a Trier, dove sono nata.
Se sto bene di salute e se ho qualcosa da fare, sono contenta!

50.

Mi chiamo Francesca Davanzo, ho 34 anni, marito e due figli di 5 e 9 anni. All'università ho studiato biologia e mi sono laureata nel '75, ma da quando è nato mio figlio Gianni, il secondo, faccio la casalinga. Ed ecco la mia giornata: di solito mi alzo alle sette meno dieci. Poi facciamo colazione, mio marito porta prima Gianni all'asilo e dopo va in ufficio, mentre la bambina va a scuola da sola. Quando Bruno e i ragazzi sono andati via, verso le otto e mezzo, pulisco e metto a posto la casa, vado a fare la spesa e preparo il pranzo. Mangiamo tutti insieme all'una e mezzo e poi vado un po' fuori al parco con i ragazzi. Ritorno a casa verso le quattro e sono ancora occupata con i lavori di casa per un'oretta, poi aiuto la bambina a fare i compiti.
Arriva l'ora di cena: guardiamo la TV e andiamo a letto. Se troviamo una baby-sitter la sera qualche volta andiamo fuori o ci incontriamo con degli amici.
Ma da un anno, ogni martedì sera ho un po' di tempo: dalle sette in poi mi incontro con un gruppo di altre donne che abitano qui vicino. Ci occupiamo dei problemi comuni (casa, famiglia, lavoro), di quelli dei nostri figli e del quartiere. Siamo in diretto contatto con gruppi politici, sociali e religiosi. Abitiamo in una zona nuova e qui non ci sono negozi o supermercati. Anche i mezzi pubblici non funzionano bene. Da quando ci incontriamo alcune cose sono cambiate (per esempio, dopo molte discussioni quest'anno il Comune ha finalmente aperto un asilo qui da noi) ma c'è ancora molto da fare! Adesso anche mio marito e i miei figli sono contenti di questa mia attività, ma all'inizio ... In casa non abbiamo un aiuto – oggi avere un aiuto costa troppo, è un vero lusso. Ma mio marito e i ragazzi per fortuna adesso capiscono che in casa c'è bisogno del lavoro di tutti.

a. falso **b.** vero **c.** vero **d.** falso **e.** vero **f.** falso **g.** vero **h.** vero **i.** falso **l.** vero **m.** falso

*

Francesca adesso non lavora, anche se ha studiato biologia (anche se è biologa) perché i suoi figli sono ancora piccoli. La mattina si alza prima delle 7, prepara la colazione e poi, quando il marito e i ragazzi sono andati via, mette a posto la casa, va a fare la spesa e prepara il pranzo. All'ora di pranzo vengono tutti a casa (il marito dall'ufficio, la figlia dalla scuola e il figlio dall'asilo) e mangiano insieme. Il pomeriggio prima va al parco con i ragazzi e poi è ancora occupata con i lavori di casa e aiuta la figlia a fare i compiti (controlla i compiti della bambina). La sera è quasi sempre a casa: cena con la famiglia, guarda la TV e va a letto. Solo qualche volta (se ha una babysitter) va fuori con il marito o si incontrano con amici. Ma da un anno si incontra ogni martedì con un gruppo di altre donne del suo quartiere per discutere dei problemi della casa, dei figli, del lavoro e di quelli del quartiere (mancanza di negozi, supermercati ed asili in questa nuova zona). Anche suo marito adesso è contento della sua attività (d'accordo) e, insieme ai bambini, aiuta in casa.

51.

La signora Cederna la mattina si alza alle 7 meno un quarto, fa la doccia e prepara il caffè. Poi fa colazione con la famiglia: il marito e i due figli. Dopo la colazione il marito porta il figlio in macchina a scuola e lei va a piedi con la bambina all'asilo. Adesso è sola, va al supermercato a fare la spesa e, ritornata a casa, parla un po' con i suoi vicini, mette a posto la casa, prepara il pranzo (comincia a cucinare) e poi va a prendere la figlia all'asilo. A mezzogiorno pranzano tutti insieme e dopo pranzo la signora mette la piccola a letto, perché dopo l'asilo ha bisogno di un po' di riposo. Mentre lei si occupa dei lavori in cucina, il marito legge il giornale. Nel pomeriggio fa i compiti con suo figlio e la sera cenano tutti insieme. Dopo cena, di solito, guardano la TV.

52.

a. 5. **b.** 3. **c.** 2. **d.** 4. **e.** 1.

Transferübungen zu Unità 4 – 7

2.

a. 2. **b.** 4. **c.** 7. **d.** 1. **e.** 6. **f.** 5. **g.** 3.

3.

a. Non si sa, perché nella pubblicità ci sono solo i prezzi per un periodo (soggiorno) di almeno tre giorni e per mezza pensione.

b. Bisogna pagare il 10% in più, perché i prezzi della pubblicità sono validi solo se si resta in quest'albergo almeno tre giorni.

4 b.

- … e questa «Villa Belvedere», Isabella?
- Va bene! È un po' fuori, ma c'è un parco e la piscina …
- Ma io non vado a Firenze per andare in piscina!
- Certo, ma prima di andare a vedere i musei, o la sera … per Luigi …
- È vero. L'albergo non è molto grande, ma tutte le camere hanno il bagno.
- E i prezzi?
- Non è molto caro … sono 37.000 per una camera doppia. E la singola per Luigi costa …
- Ma senti, forse per lui va già bene un letto piccolo in camera nostra. Domandiamo, no? Per due notti …
- Bene, allora telefono subito. Ah sì … prendiamo solo la camera senza pensione, no?
- Sì, sì. Mangiamo qualcosa in città, così siamo più liberi.

4 c.

Cesare cerca tre posti letto (una camera doppia con un piccolo letto per il bambino) senza pensione. I Bravini prenotano per il 27 novembre, perche in dicembre l'albergo è chiuso.

5. *

- *Avete ancora (C'è ancora) una camera doppia (a due letti) con bagno o doccia e una camera singola (a un letto) senza bagno?*
- Sapesse quanto mi dispiace, ma per questa notte ho solo una camera doppia e senza bagno. Sa, in questo periodo abbiamo un sacco di ospiti e …
- *Scusi, non ho capito … (non capisco…)*
- Per questa notte abbiamo solo una camera a due letti … Quanti giorni vorrebbe restare?
- *Fino a domenica …*
- Da domani in poi non ci sono problemi. Ma stanotte … Se Lei è daccordo, mettiamo nella camera doppia ancora un letto per la signorina. E da domani mattina alle 9 ho libere una doppia e una singola … la doppia con bagno e la singola senza. Domani mattina alle sette parte un grosso gruppo di francesi e poi abbiamo molte camere libere …
- *Va bene così (D'accordo): per questa notte prendiamo la camera doppia senza bagno e domani cambiamo …*

Unità 8

1.

a. fai (facciamo) – lo; proposta – andiamo – dalle; impegno (appuntamento)
b. andiamo – dispiace; me; ho; da; volta ci
c. va; perché; vai – idea; dal; se – da; per
d. va; qualche; vai – restare (stare); di; da – peccato!
e. in – dal; appuntamento – ci; più; Usciamo (Andiamo fuori) – me; andare (venire); dalla; fino a – vero; per la
f. di; da – da; ho – uscire (andare fuori); all'; c'è (danno/si dà); canta – volentieri; ci; da – con

2.*

- Ciao Carolina! Stasera all'Auditorium c'è un concerto di musica jazz. Io ci vado con gli amici. Vieni anche tu?
- È una buona idea ... forse ho un po' di tempo ... Da che ora a che ora c'è il concerto e come ci andate?
- Comincia alle nove e finisce a mezzanotte. Se vieni con noi, passiamo a casa tua e ci andiamo insieme in macchina ...
- Sei proprio gentile, Giorgio, ma a mezzanotte è troppo tardi. Sai, dopodomani ho l'esame e domani mi alzo presto perché ho ancora molto da fare ...
- Che peccato!
- Sì, è un vero peccato! Un'altra volta molto volentieri. Allora saluti agli amici e buon divertimento!
- Grazie e in bocca al lupo per l'esame! Telefono dopodomani per sapere come è andato!
- Grazie. Dopodomani sono a casa dalle due in poi. Ciao!

3.

a. 1. / 2. **b.** 2. / 4. **c.** 1. / 2. / 4. **d.** 1. / 4.

4.

a. ci vogliamo andare (vogliamo andarci) insieme (ci andiamo insieme) – molto volentieri! **b.** dai – non è possibile; da fare (un impegno); peccato **c.** alla; con – ci veniamo **d.** faccio; casa; (ci) venite – fino a **e.** va; va con – mi dispiace! **f.** con; dagli – Mi dispiace (adesso non è possibile; purtroppo non ho tempo); ci vengo **g.** non è possibile; sono occupato/a (ho un impegno; ho da fare; ho molto lavoro); ci vai – ci vado (lo faccio)

5b.

Gentilissima (Gentile) signora Antonia,
tanti cari saluti da Perugia a Lei e ai Suoi cari. Siamo qui per alcuni giorni e il tempo è bellissimo. Come si sente adesso? Si è riposata un po'? Sa già quando va in vacanza? Come sta la Sua famiglia? Dal 20 in poi da noi ci sono alcuni spettacoli interessanti. Se troviamo biglietti anche per Lei, viene da noi?
Se ci telefona la prossima settimana, ci trova: ritorniamo a Parma il 15. Tante belle cose a Lei e a Sua sorella, Franca e Piero

6.

a. Sì, sì. Se abbiamo tempo e troviamo posto, mio marito ed io andiamo spesso a Torino a teatro.

b. Senti, Christa! Se ti interessa c'è una stagione di balletti alla Scala quest'anno.

c. Preferisco vedere le opere alla Scala in settembre perché ci sono quasi sempre posti liberi.

d. Gli spettacoli cominciano alle 7 e per noi è troppo presto perché non finiamo mai di lavorare prima delle 7 e mezzo, otto di sera.

e. Vorrei andare alla Scala il 10, ma proprio il 10 non ci sono balletti!

f. Sì, il programma è interessante e ci sono molti balletti di autori italiani.

g. Vedi? C'è una sola categoria di prezzi per tutti i biglietti.

a. no **b.** sì **c.** no **d.** no **e.** sì **f.** no **g.** no

7.*

- Pronto?
- Ciao Carlotta! Sono Tullio. Ho una domanda: Avete voglia di venire con me al cinema stasera? Vorrei vedere il film «Noi, i ragazzi dello zoo di Berlino»; un film molto interessante, la storia autentica di una ragazza di 13 anni ...
- Purtroppo per me non è possibile ... sono a letto, ho 38 di febbre ...
- Oh, mi dispiace moltissimo, cos' hai?
- Un po' di influenza e mal di testa ...
  Ma senti, forse Piero ha tempo e voglia di venire con te. A che ora ci vai?
- Alle 7 o alle 9 meno un quarto ...
- Per Piero è meglio alle 9 meno un quarto perché non ritorna prima delle sette. In quale cinema danno il film?
- «Al Doria», sai dov'è, no?
- Sì sì. Allora facciamo così: quando Piero ritorna, telefona subito a casa tua, va bene?
- Benissimo. E a te tante belle cose! A stasera allora!

8.

a. io; tu – io; te **b.** noi; lei – te **c.** tu; lui; lei – me; loro **d.** Lei – io **e.** Tu; voi – noi; lei – me; voi – Io

9.

a. andiamo; Vieni – vengo; andar; andare; andare **b.** vieni; vai – vengo **c.** vanno – va – viene **d.** vai; venire – vieni – vado **e.** vai – Vado – vieni – vengo – vado – viene – viene – Andiamo – vanno

10.

a. Che bel compleanno!
b. Che bei film!
c. Che bel concerto!
d. Che bello spettacolo!
e. Che bella pioggia!
f. Che bel vento!
g. Che belle amiche!
h. Che begli sci!
i. Che bel balletto!

11 a.

lettera numero 2

11 b.*

1. Come mai si sente giù Massimo? È stato in vacanza all'Isola d'Ischia con i suoi amici? È possibile per lui andare in vacanza in agosto? Da quando a quando vorrebbe andare in vacanza? In quale città abita? Dove vorrebbe andare in vacanza? Perché non è possibile per lui restarci più di due settimane? A chi scrive? Dove abita Francesca? Che proposta fa? A che ora è possibile telefonare a Massimo?

2. Francesca è a casa quando arriva la lettera di Massimo? Dov'è stata al fine-settimana? È daccordo di andare in Sardegna con Massimo? È possibile per lei restarci fino alla fine di agosto? Francesca conosce Claudia? I genitori di Francesca conoscono Massimo? Dove sono adesso? Che proposta fa Francesca?

12.*

a.
- Ciao Teresa! Hai voglia di venire con me al concerto stasera alle 9? Nella chiesa dei Santi Martiri danno un concerto da camera con musiche di Bach e di Mozart ...
- Che bello! Ma purtroppo non è possibile per me: ho già un appuntamento con Piero ed Elsa, andiamo insieme all' «Alfieri». C'è «Metti una sera a cena» di Patroni Griffi. Sono gli ultimi tre giorni e domani e dopodomani io non ci sono ...

- Peccato! Allora buon divertimento e saluti a Piero ed Elsa!
- Grazie. E anche a te buon divertimento!

b. - Ciao Vito! Da oggi al «Fiamma» c'è «Tutti dentro» di Alberto Sordi. Vogliamo andarci insieme?
- È una buona idea! A che ora comincia?
- Alle 10 e un quarto!
- Bene. E dove ci incontriamo? Non è bello aspettare fuori, e se piove ...
- Allora ci incontriamo alle 10 al bar Italia, va bene?
- Benissimo. Allora ciao e a stasera!

13.

a. - Che facciamo nel (oggi; questo) pomeriggio? Andiamo ai giardini?
- Mah, se piove è meglio andare al museo.

b. - Che facciamo (il) sabato? Andiamo in barca?
- Mah, se c'è vento è meglio fare il windsurf.

c. - Che facciamo (la) domenica? Restiamo a casa?
- Mah, se non fa freddo è meglio andare alla partita.

d. - Che facciamo al week-end? Andiamo a fare il bagno?
- Mah, se fa freddo è meglio restare in città.

e. - Che facciamo in giugno? Andiamo in (al) campeggio?
- Mah, se fa brutto è meglio restare a casa.

f. - Che facciamo (la) domenica? Andiamo a Firenze?
- Mah, se fa caldo è meglio andare al mare.

g. - Che facciamo domani? Andiamo a giocare a tennis?
- Mah, se fa bello è meglio andare in piscina.

h. - Che facciamo al week-end? Andiamo a sciare?
- Mah, se c'è poca neve è meglio andare in slitta.

i. - Che facciamo a Pasqua? Andiamo in montagna?
- Mah, se fa caldo è meglio andare in Sicilia.

j. - Che facciamo stamattina? Andiamo in bicicletta?
- Mah, se c'è sole è meglio andare alla spiaggia.

14.

Al Nord (In Alto Adige, in Lombardia, in Piemonte) c'è pioggia (piove).
In Centro (in Umbria ...) è nuvoloso.
A Roma il tempo è variabile.
Al Sud e in Sardegna c'è sole (è sereno).
In Sicilia il tempo è variabile.

15.

Previsioni del tempo sulla Germania valide fino alle 19 di domani: Su tutte le regioni forti nuvolosità con precipitazioni a carattere di pioggia o neve. Nelle prime ore del mattino formazioni di banchi di nebbia. Temperature minime tra i 10 e i 15 gradi sotto zero, massime tra lo zero e i cinque gradi sopra lo zero. Venti forti da Nord-Est.

brutto tempo; nebbia; pioggia; neve; molto freddo; molto vento
temperature minime tra i 10 e i 15 gradi sotto zero
temperature massime tra lo zero e i 5 gradi sopra lo zero

16.

a. puoi – posso **b.** potete – possiamo **c.** possono **d.** possiamo **e.** puoi **f.** puoi **g.** può **h.** potete; posso **i.** possono; potete; possiamo – Posso – puoi **j.** posso; può – possiamo – posso

17.

a. sa – So; so – può – può **b.** so – Sa; Possiamo (Può); sa – può; sa; può **c.** Sai – so – puoi **d.** può – sanno

18.

- Ciao Stefano! Hai voglia di giocare con noi a calcio oggi (questo) pomeriggio?
- Sì, volentieri. Vogliamo incontrarci nel tardo pomeriggio?
- Sì, noi oggi lavoriamo solo fino alle cinque e perciò (per questo) possiamo essere tutti allo stadio alle sei.
- Bene. In ogni caso, con questo caldo, prima non è possibile giocare. E chi viene?
- Mio fratello con alcuni colleghi, il mio vicino con suo fratello, Piero, Carlo con suo figlio e ancora (poi) alcuni altri (qualche altro).
- Anche Carlo? Può già giocare (di nuovo)? Ho sentito che ha ancora problemi (difficoltà) con la sua gamba (che la sua gamba non è ancora a posto).
- Sta molto meglio! Ha già giocato con noi una settimana fa.
- Benissimo, perché sa giocare molto bene.
- Sì, e come! Posso venire a prenderti (venirti a prendere), Stefano? (Ti posso venire a prendere … ; Ti vengo a prendere …)
- Sì, grazie (volentieri)! Ma se Caterina non ha bisogno della macchina, posso venire con la mia e tu puoi andare a prendere (portare) qualcun altro. In ogni caso ritelefono da voi all'ora di pranzo (verso mezzogiorno).
- Va bene (d'accordo). Allora a più tardi!

19.

a. Andiamo in barca a vela? – Ma non vedi? Qui non si può!
b. Facciamo qualche fotografia? – Che bella idea, molto volentieri!
c. Facciamo il pic-nic? – Ma non vedi? Qui non si può!
d. Stiamo qui a guardare il panorama? – Che bella idea, molto volentieri!
e. Lasciamo qui la barca e andiamo in giro? – Ma non vedi? Qui non si può!
f. Facciamo jogging? – Ma non vedi? Qui non si può!
g. Prepariamo qualcosa per il pranzo? – Ma non vedi? Qui non si può!
h. Facciamo una partita di calcio? – Ma non vedi? Qui non si può!
i. Facciamo campeggio sulla spiaggia? – Ma non vedi? Qui non si può!
j. Restiamo qui a guardare e ascoltare la natura? – Che bella idea!
k. Facciamo il windsurf? – Ma non vedi? Qui non si può!
l. Giochiamo a pallavolo? – Ma non vedi? Qui non si può!
m. Facciamo lo sci d'acqua? – Ma non vedi? Qui non si può!
n. Ci riposiamo un po' e poi facciamo un giro. – Che bella idea, molto volentieri.
o. Giochiamo a carte? – È meglio di no!
p. Facciamo ginnastica? – È meglio di no!

21.

a. No, non ho chiamato nessuno.
b. No, qui non piove quasi mai.
c. Stasera non c'è niente (nulla).
d. No, non ci andiamo quasi mai.
e. No, non hanno sbrigato niente (nulla).
f. Oggi non c'è nessuno.
g. No, non ho tempo neanche sabato.
h. No, non ci sono mai stato.
i. No, non legge mai (niente).
j. Stasera non viene nessuno.
k. No, non ho prenotato ancora niente (nulla).
l. No, non abbiamo trovato niente (nulla).
m. No, non conosco nessuno.
n. No, non prenoto mai.
o. Non ha telefonato nessuno.
p. No, non sappiamo niente di loro.
q. No, non abbiamo niente (nulla) da fare.
r. No, non ho telefonato a nessuno.
s. No, non ho chiamato neanche Nino.
t. No, non ci vado mai in macchina.
u. No, non gioco mai al lotto.
v. No, non c'è neanche sole!

22.

a. – A chi ha telefonato? – A una sua collega.
b. – Con chi avete pranzato? – Con un nostro conoscente.
c. – Chi ha incontrato? – Una mia studentessa.
d. – Con chi è uscita? – Con una sua parente.
e. – Con chi hai ballato? – Con una mia amica.
f. – Con chi si è incontrato/a? – Con un mio zio.
g. – Con chi avete cenato? – Con un nostro insegnante.
h. – Da chi è andato? – Da un suo paziente.
i. – Da chi siete passati? – Da un nostro cliente.
j. – Con chi ha lavorato? – Con un mio impiegato.
k. – Con chi hai giocato a carte? – Con una mia zia.
l. – Con chi siete partiti? – Con un nostro vicino.
m. – Chi ha salutato? – Una mia insegnante.
n. – Con chi hai dormito? – …

24.

a. – Che cosa fa Piero … ? – Si occupa di sport. – … ! Io gioco a bocce.
b. – Che cosa fa … ? – Mi occupo di musica. – … ! Io suono il piano.
c. – Che cosa fanno i Rossi … ? – Si occupano di sport. – … ! Io gioco a calcio.
d. – Che cosa fai … ? – Mi occupo di musica. – … ! Io suono il flauto.
e. – Che cosa fa tuo fratello … ? – Si occupa di sport. – … ! Io gioco a ping-pong.
f. – Che cosa fa Gina … ? – Si occupa di musica. – … ! Io suono il violino.
g. – Che cosa fa Caterina … ? – Si occupa di sport. – … ! Io gioco a pallavolo.
h. – Che cosa fa Stefano … ? – Si occupa di musica. – … ! Io suono la tromba.
i. – Che cosa fa … ? – Mi occupo di sport. – … ! Io gioco a pallacanestro.
j. – Che cosa fa Vanda … ? – Si occupa di musica. – … ! Io suono il violoncello.
k. – Che cosa fa Elisa … ? – Si occupa di musica. – … ! Io suono l'organo.
l. – Che cosa fa Marina … ? – Si occupa di sport. – … ! Io gioco a pallamano.

25.

a. … Davanti alla stazione. … Mezz'ora prima dell'arrivo di Carlo.
b. … Davanti allo stadio. … Venti minuti prima dell'inizio della partita.
c. … Davanti alla scuola. … Dieci minuti prima della fine delle lezioni.
d. … Davanti al teatro. … Un quarto d'ora prima della chiusura della cassa.
e. … Davanti alla discoteca. … Un po' prima dell'apertura.
f. … Davanti al cinema. … Pochi minuti prima delle nove.
g. … Davanti all'aeroporto. … Cinque minuti prima dell'incontro con gli altri.
h. … Davanti alla Scala. … Venti minuti prima dell'inizio dell'opera.

26.

La signora Rocci stamattina si è alzata alle 7 e poi ha preparato la colazione. Dopo la colazione è uscita con i bambini: ha portato Vanna a scuola e Marco all'asilo. Poi è andata in centro in macchina, ha cercato un parcheggio ed è arrivata in ufficio alle nove. Qui prima ha conosciuto la nuova collega, poi ha aperto la posta e ricevuto alcuni clienti. Ha lavorato fino all'una e ha chiuso l'ufficio. Dopo l'ufficio è andata a prendere i bambini e poi ha preparato il pranzo. Dopo pranzo ha potuto riposare un po'. Il (Nel) pomeriggio ha giocato con i bambini e ha pulito un po' la casa. Nel tardo pomeriggio ha preparato con il marito una bella cena e la sera hanno avuto ospiti fino a tardi. Sono andati a letto dopo mezzanotte.

27.

a. Non c'è più niente da pagare. **b.** Non c'è più niente da organizzare. **c.** Non c'è più niente da scrivere. **d.** Non c'è più niente da aspettare. **e.** Non c'è più niente da preparare. **f.** Non c'è più niente da visitare. **g.** Non c'è più niente da leggere. **h.** Non c'è più niente da comprare. **i.** Non c'è più niente da sbrigare. **j.** Non c'è più niente da studiare. **k.** Non c'è più niente da prenotare. **l.** Non c'è più niente da vedere.

28.

a. 2. **b.** 1. **c.** 4. **d.** 5. **e.** 3. **f.** 7. **g.** 6.

30.

a. Di solito si alza alle 7, ma oggi si è alzata alle 10.
b. Di solito fa colazione alle 7 e mezzo, ma oggi ha fatto colazione alle 11.
c. Di solito va in ufficio, ma oggi è restata a casa.
d. Di solito non fa sport, ma oggi è andata in piscina e ha fatto ginnastica.
e. Di solito lavora fino all'una, ma oggi non ha fatto niente.
f. Di solito non legge mai, ma oggi ha letto il giornale.
g. Di solito guarda la TV, ma oggi ha ascoltato un po' di musica.
h. Di solito la sera resta a casa, ma oggi è uscita con amici.
i. Di solito telefona molto, ma oggi ha scritto due lettere.
j. Di solito va a dormire presto, ma oggi è andata a dormire tardi.

31.

a. siete stati – abbiamo fatto; abbiamo visto; ci siamo divertiti
b. ha detto – ho avuto; sono stato/a; ho visto; ho fatto
c. ho visto – ha detto; sei passato/a; avete fatto; Abbiamo letto; ha scritto; mi sono occupato/a
d. hai visto – ho scritto; hai detto; ho finito
e. Hai visto – ho letto; ho scritto; ho sbrigato; è stata; ha detto; hanno giocato – sono stati

32.

a. Puoi telefonare a … / Ma solo tu puoi decidere a chi telefonare! / Perché non …
b. Puoi andare a … (da … , in …) / Vieni con noi a … / Perché non vai a …
c. Puoi andarci con … / Perché non ci vai con … / Forse … ha voglia di …
d. Ma solo tu puoi decidere quando partire! / Puoi partire … alle … con …
e. Puoi prendere … / Perché non ci vai in macchina? / Forse … ha la macchina … !
f. Ma tua madre non c'è? / Puoi lasciare i bambini da me!
g. Vieni con noi in piscina! / Perché non vai con … al mare? / Puoi andare …
h. Perché non chiami … / Hai tanti amici e solo tu puoi decidere chi chiamare!
i. Puoi fare (preparare) … / Perché non vieni con noi a mangiare fuori?!
j. Qui vicino c'è … / Puoi andare al supermercato che è …
k. Puoi venirci con noi! / Perché non parti con … / Ma solo tu puoi decidere …
l. Perché non compri una FIAT?/ Forse è il meglio comprare una …
m. Ma solo tu puoi decidere quanto tempo restarci! / Ci puoi restare …
n. Non so: prima bisogna sapere i prezzi / Perché non prenoti …

33.

a. Mentre vado in farmacia puoi fare la cena.
b. Mentre prepari il caffè (io) telefono a Gina.
c. Mentre Teresa sbriga alcune cose, Dario mette a posto la camera.

d. Mentre guardo la TV faccio i lavori di casa.
e. Mentre Bruna va a fare la spesa, Federico aspetta al bar.
f. Mentre pranziamo guardiamo la TV.
g. Mentre la segretaria scrive le lettere prendiamo un caffè.
h. Mentre finisco il mio lavoro puoi leggere qualcosa.
i. Mentre Giorgio cerca un posto di lavoro io faccio diversi lavoretti.
j. Mentre cerchi un parcheggio sbrigo alcune cose.
k. Mentre ascolti il telegiornale posso preparare la cena.
l. Mentre telefono ai Rossi (Lei) può chiamare Cecilia.
m. Mentre aspettiamo Carlo giochiamo a carte.

34.

Caro Francesco,
Carlo ha detto che domenica sei stato qui. Peccato che non ci siamo visti! Sono ritornata da Roma solo verso le dieci. Lo sai che mio padre è (si trova) all'ospedale da quasi due settimane?! Da due giorni si sente meglio e così penso (credo) che alla fine del mese possiamo andare con lui al mare. I nostri conoscenti di Genova hanno una piccola casa in Riviera che ci danno (che possiamo avere) per tre settimane. Lì si può riposare: in questa stagione non c'è ancora molta gente. (Dato che in questa stagione non c'è ancora molta gente, lì si può riposare bene). Inoltre lì vicino abita un suo vecchio amico. Forse puoi venire anche tu a trovarci a Nervi? I nostri conoscenti ci hanno scritto che dai (hai) un concerto a Genova il sedici maggio. Congratulazioni! Noi tutti ci veniamo: così possiamo rivederci e tu puoi dirci se vieni a Nervi o no. Ma forse ci telefoni prima?! In ogni caso siamo qui fino al trenta aprile.
Intanto molti (tanti) cari saluti, anche a tua madre, tua

35.

a. Si può **b.** Si possono **c.** Si può **d.** Si può **e.** Si può **f.** Si possono **g.** Si può **h.** Si può **i.** Si possono **j.** Si può **k.** Si possono **l.** Si possono **m.** Si può **n.** Si può **o.** Si può **p.** Si possono **q.** Si possono **r.** Si possono **s.** Si può **t.** Si possono

36.

a. vero **b.** falso **c.** vero **d.** falso **e.** vero **f.** falso **g.** falso **h.** vero **i.** vero **j.** falso **k.** vero **l.** falso **m.** falso **n.** falso **o.** falso

37 a.

Mi chiamo Carla Squinterni, sono sposata, faccio l'impiegata e ho una bambina di 10 anni. Dato che mio marito ed io lavoriamo tutti e due, non possiamo occuparci della bambina, il pomeriggio. Per fortuna c'è mia madre. Io lavoro in una ditta commerciale e sono in ufficio fino alle 6; mio marito è ingegnere ed è spesso in giro per lavoro. Guadagniamo abbastanza, ma purtroppo per la bambina non abbiamo molto tempo. Solo al fine-settimana e durante le vacanze possiamo stare un po' tutti insieme: abbiamo un piccolo appartamento a Bardonecchia, in montagna, e ci andiamo quando siamo liberi.

Sono Concetta Forgiuolo, ho 26 anni e sono sposata. Mio marito ed io siamo nati qui a Torino, ma da famiglie napoletane. Lui è operaio alla FIAT, io sono casalinga, ma per alcuni anni ho lavorato anch'io come operaia. Adesso abbiamo tre bambini di 3, 6 e 8 anni e non posso più andare in fabbrica. Ogni tanto faccio dei lavoretti nelle case: come donna delle pulizie prendo 3500 lire all'ora e così guadagno qualcosa, perché mio marito alla fine del mese non porta molto a casa, ci sono l'appartamento e la macchina da pagare e bisogna anche mangiare. Non ci possiamo permettere molti extra.

38.

- Che cosa hai fatto ieri sera, Filippo?
- Abbiamo visto un buon film sul secondo programma … E voi?
- Prima siamo andati al bar all'angolo, dove abbiamo incontrato Christa e Hanno. Ci siamo restati circa mezz'ora e poi abbiamo fatto tutti insieme una passeggiata a San Giacomo. Poi (Dopo) siamo andati alla festa del quartiere.
- Ah sì! Ho letto qualcosa sulla festa sul giornale …
- E perché non ci siete andati?
- Mah, sai, Gert, durante la settimana non esco (vado fuori) tanto volentieri la (di) sera. Arrivo dal lavoro sempre molto stanco e così (per questo) talvolta (qualche volta) è difficile decidere se esco ancora o no!
- Capisco. Ma è un peccato lo stesso che non ci siamo andati insieme. Abbiamo incontrato molta gente e abbiamo visto e sentito molte cose interessanti e divertenti: teatro, musica …
- E per quanto tempo c'è ancora la festa?
- Fino a domenica.
- Se domenica ci andate un'altra volta (ancora una volta), vengo con voi!
- È una buona idea! Ci sentiamo!
- Va bene. A presto!

39 b.*

- Ciao Klaus! Senti! Dato che oggi fa brutto non ho voglia di (non si può) andare al mare.
- E allora, cosa si fa?
- Possiamo andare al cinema! Al «Moulin Rouge» danno «Il Corsaro Nero», un film americano molto divertente!
- Non conosco il cinema «Moulin Rouge». Dov'è?
- È un nuovo cinema all'aperto in via Romana.
- Un cinema all'aperto? Ma con questo tempo non vorrei stare all'aperto … Se non andiamo al mare …
- È vero, e il cinema apre solo alle ventuno, credo … Allora, hai tu un' altra proposta?
- Andare al cinema in ogni caso è una buon' idea. Guardiamo i programmi!

40 b.

- Pronto? Teresa? Sono Guido …
- Ah, ciao Guido!
- Senti, Teresa … ho telefonato da noi ma non c'è nessuno. Elisa dov'è?
- Non c'è perché ha portato Pierino dal medico.
- Oddio! Sta male? Che cos'ha?
- Niente di grave: adesso è tutto a posto. Durante l'ora di ginnastica si è sentito male e l'insegnante ha chiamato Elisa. Allora lei è andata subito a scuola e poi è andata con Pierino dal medico. Ha telefonato cinque minuti fa: è tutto passato. Adesso vengono a casa; passano in farmacia e se telefoni tra mezz'ora puoi parlare direttamente con Elisa.
- Ma che cos'ha detto il dottore?
- Ma, forse Pierino ha mangiato troppa torta ieri al compleanno di Matteo. Sai come sono i bambini! Ma non è niente. Tu piuttosto, dove sei? Sei già a Bologna?
- Sì, sono arrivato verso mezzogiorno e all' ultimo momento è stato difficile trovare un albergo. Finalmente ho trovato una piccola pensione, un po' fuori dal centro.
- E che cosa posso dire a Elisa?
- Che mi sono già incontrato con alcuni clienti e che ho un appuntamento con i colleghi di qui fra un quarto d'ora. Poi stasera andiamo certamente a cena fuori. Senti, allora io ritelefono a casa verso le otto.
- Bene ho già scritto tutto. Lascio un bigliettino a Elisa perché adesso esco a fare la spesa.
- Grazie Teresa. Puoi dire a Elisa che mi dispiace per Pierino: proprio oggi che non ci sono … adesso chiudo perché non ho più gettoni. Ciao!
- Ciao e buon lavoro.

Elisa non c'è perché è andata con Pierino dal medico, perché il piccolo è stato male a scuola durante l'ora di ginnastica: forse ha mangiato troppo ieri alla festa di un amico.

Il signor Specchi a Bologna non ha prenotato un albergo prima della sua partenza. Ha già avuto il suo primo appuntamento di lavoro e poi va a cena con i suoi colleghi di Bologna.

Teresa Taralli adesso va fuori a comprare alcune cose.

Guido Specchi ha fatto la telefonata da un telefono pubblico.

40 c.*

«Ho telefonato a Salerno e la nostra vicina ha detto che mia moglie non c'è perché è andata dal medico con mio figlio. Lui a scuola si è sentito male e così hanno chiamato mia moglie. Ma grazie a Dio non è malato: è già tutto passato (così almeno ha detto mia moglie alla vicina quando ha telefonato dallo studio medico). Forse ieri ha mangiato troppa torta al compleanno di un suo amico!»

40 d.*

Cara Elisa,
ha telefonato Guido proprio adesso e ha detto che è arrivato bene a Bologna e che ha ancora trovato una piccola pensione un po' fuori dal centro. Naturalmente è in pensiero per Pierino, ma ho detto che si sente già meglio. Guido ritelefona stasera verso le otto: adesso ha un appuntamento con i suoi colleghi di Bologna e vanno fuori a cena. Saluti …

41 b. [cassetta]

a. – Pronto? Elisabetta?
– Oh, Caterina. Finalmente! Ma dove sei? Sai che ora è?
– Sì, ma …
– Sono le cinque e io aspetto qui già da un'ora, dico un'ora!
– Lo so, ma purtroppo via Garibaldi è chiusa per lavori e così ho fatto un altro giro. Sono passata per corso Francia, ma lì c'è stato un incidente ed è tutto bloccato …
– Ma perché non hai telefonato?
– È da venti minuti che cerco di lasciare da qualche parte la macchina e poi per trovare un telefono … ma senti, adesso si comincia ad andare avanti, tra una mezz'ora sono da te.

b. – Come mai arrivi così tardi, Gino?
– Ma non hai letto? Oggi c'è sciopero dei mezzi pubblici e perciò sono venuto a piedi. Da casa mia è quasi mezz'ora, mi dispiace!

c. – Dove siete stati domenica mattina?
– In centro.
– In centro?
– Sì, abbiamo potuto andare in giro, ascoltare la banda e abbiamo visto anche il «Teatro in piazza». E abbiamo incontrato tanta gente. Sai chi? Bianca e i suoi e così abbiamo conosciuto anche suo fratello.
– Adesso che hanno chiuso il traffico in centro si sta proprio bene. È stata veramente una buona idea.
– Perché non ci vieni anche tu, domenica prossima?
– Volentieri, se resto a Milano.

a. 3. **b.** 1. **c.** 2.

Unità 9

1.

a. Prende … ? Prendete … ? **b.** Mangia … ? Mangiate … ? **c.** Viene … ? Venite … ? **d.** Resta … ? Restate … ? **e.** … parte … ? … partite … ? **f.** Mangia … o sta … ? Mangiate … o state … ? **g.** Cena … ? Cenate … ? **h.** … dorme … ? dormite … ? **i.** … fa … ? … fate? **j.** … può … ! … potete … ! **k.** … va … ? … andate … ? **l.** … non disturba! … non disturbate! Deve … ! Dovete … !

2.

a. No, devo andare all'estero.
b. No, dobbiamo andare a lezione.
c. No, devo andare dai miei genitori.
d. No, deve andare in città.
e. No, deve andare al mercato.
f. No, devono andare dai Pietrangeli.
g. No, dobbiamo andare da mia madre.
h. No, devo andare da Luigi.
i. No, devono andare al corso di francese.
j. No, deve andare in ufficio.
k. No, devo andare in Sicilia.
l. No, dobbiamo andare all'ospedale.
m. No, devono andare all'aeroporto.
n. No, devo andare dal medico.

3.

a. dovete; potete – possiamo; deve; possono; deve **b.** Devi; puoi – dobbiamo; posso **c.** può; Deve – devono **d.** posso; devono; possono – puoi **e.** puoi; devi – Potete **f.** possono; devono; dobbiamo (devi) – puoi

4.

a. … non posso, devo …
b. … non può, deve …
c. … possiamo, dobbiamo …
d. … non possono, devono …
e. … non posso, devo …
f. … non possiamo, dobbiamo …
g. … non può, deve …
h. … non possono, devono …

5.*

a. – Pronto, Teresa? Sono Gino. Senti! Avete tempo e voglia di venire a casa nostra stasera? Sono arrivati i miei amici di Monaco e purtroppo restano solo fino a domani. Possiamo stare un po' insieme e parlare tedesco … . Se avete tempo potete venire a cena …
– Benissimo! Grazie dell'invito, Gino. Devo parlare ancora con Dario, ma credo che è libero anche lui. Senti: io preparo i tortelloni e Dario può portare un po' di vino. Va bene?
– Oh, grazie … ma non devi andare in ufficio questo pomeriggio?
– Ma sì! Ma posso preparare i tortelloni lo stesso. Allora a stasera! A che ora veniamo?
– Verso le otto e mezza, d'accordo?
– Benissimo. Ciao!

b. – Pronto? Sono Tina. Senti, Carolina, ho tanta voglia di preparare qualcosa di buono per cena stasera. Ho fatto la spesa al mercato e ho comprato tante cose buone … Avete tempo e voglia di cenare da (con) noi?
– Che bell'idea! Gianni adesso non c'è ed io, dopo l'ufficio, devo andare a trovare il nonno all'ospedale, ma penso che possiamo venire in ogni caso. Posso portare una torta gelato, vi va??
– Benissimo, grazie! Potete essere qui alle 8, 8 e mezzo?

- Verso le otto e mezzo, sì. Gianni ed io possiamo trovarci da voi. Se Gianni ha qualcos'altro da fare, telefono.
- Bene. A stasera allora!
- Sì. Ciao e grazie dell'invito!

6.

- Buon giorno, signora. Scusi se disturbo …
- Oh, Cesare, che sorpresa! È tanto che non ti vediamo. Vieni, vieni!
- Grazie signora … e Isabella? C'è?
- No, è uscita. Prima di andare ha detto che ha alcune cose da sbrigare in città …
- E ha detto quando torna?
- Entro le 7 è senz'altro di ritorno. Puoi aspettare qui, Cesare, se hai tempo. Ti faccio un caffè?
- Mi dispiace, vorrei accettare, ma non posso proprio. Devo andare perché fra mezz'ora arrivano i miei amici tedeschi e stasera sono a cena da me. È per questo che sono venuto: forse Isabella ha voglia di rivedere Eva e Franz dopo tanto tempo …
- Sarebbe molto bello. E stasera è libera, credo …
- Bene, allora facciamo così: ritelefono dopo le sette per sapere se Isabella può venire. Arrivederci signora!
- Arrivederci Cesare, e per stasera, buon divertimento!

a. vero **b.** falso **c.** falso **d.** vero **e.** falso **f.** falso **g.** vero **h.** vero **i.** falso **j.** vero **k.** falso

7.

a. Prima di andare in centro passo …
b. Prima di arrivare al garage lascio …
c. Prima di andare al bar compro …
d. Prima di andare in ufficio prendo …
e. Prima di cominciare a lavorare guardo …
f. A mezzogiorno, prima di andare alla mensa, telefono …
g. Prima di ritornare a lavorare prendo …
h. Prima di andare a casa, alle sei vado …
i. Prima di preparare la cena sto …
j. Prima di mettere i bambini a letto ceniamo.
k. Prima di andare a dormire guardiamo la TV.

8b.

Absage; Zusage; Zusage; Absage; Absage; Zusage; Absage; Absage; Zusage; Absage; Zusage; Zusage; Absage; Absage

9.

a. 3. **b.** 5. **c.** 1. **d.** 2. **e.** 4. **f.** 7. **g.** 6.

10.

a. – … Non la vedo … – Possiamo chiamarla (La possiamo …)
b. – … Non li vedo … – Possiamo chiamarli (Li possiamo …)
c. – … Non la vedo … – Possiamo chiamarla (La possiamo …)
d. – … Non le vedo … – Possiamo chiamarle (Le possiamo …)
e. – … Non li vedo … – Possiamo chiamarli (Li possiamo …)
f. – … Non la vedo … – Possiamo chiamarla (La possiamo …)
g. – … Non le vedo … – Possiamo chiamarle (Le possiamo …)
h. – … Non lo vedo … – Possiamo chiamarlo (Lo possiamo …)

11.

a. Li puoi invitare tu? (Puoi invitarli tu?)
b. La può finire Lei? (Può finirla Lei?)
c. La potete organizzare voi? (Potete organizzarla voi?)
d. Le potete informare voi? (Potete informarle voi?)
e. Li puoi prenotare tu? (Puoi prenotarli tu?)
f. Lo può cercare Lei? (Può cercarlo Lei?)
g. Lo può chiamare Lei? (Può chiamarlo Lei?)
h. La puoi pagare tu? (Puoi pagarla tu?)
i. La potete registrare voi? (Potete registrarla voi?)
j. Lo puoi preparare tu? (Puoi prepararlo tu?)

k. Li può andare a prendere Lei? (Può andare a prenderli Lei? – Può andarli a prendere Lei?)
l. Li puoi aiutare tu? (Puoi aiutarli tu?)
m. Lo può finire Lei? (Può finirlo Lei?)
n. Li puoi preparare tu? (Puoi prepararli tu?)
o. Le potete aspettare voi? (Potete aspettarle voi?)
p. Lo puoi comprare tu? (Puoi comprarlo tu?)
q. La può scrivere Lei? (Può scriverla Lei?)
r. La potete pulire voi? (Potete pulirla voi?)
s. La puoi mettere a posto tu? (Puoi metterla a posto tu?)
t. Li potete portare via voi? (Potete portarli via voi?)

12.

a. – … ? – Quest'anno le passo con i miei genitori. Sai? Non li vedo quasi mai … – E dove li porti? – Non so ancora dove li porto … forse in montagna. Loro ci vanno.

b. – … ? – Sì, la vedo domani. Lei e suo marito vengono da noi dopo cena … ma perché non ci vieni anche tu? – … Grazie dell'invito, ma non posso accettarlo (non lo posso accettare) perché devo andare da mia sorella. Non la vedo da molto tempo. Che peccato! Come vorrei rivedere Gigliola e suo marito! Puoi almeno salutarli (Li puoi almeno salutare) da parte mia?

c. – … ? – Oggi non le vedo, ma domani le incontro da Franco e posso informarle (e le posso informare).

13 a.

1. Vanno all'Acquario, perché il ristorante «I Malavoglia» è chiuso domenica.
2. La signora Trani chiama il numero 720664.
3. Telefona al ristorante «Bagutta» (702767).
4. Vanno al ristorante italo-libico «Vecchia Milano».

13 c.*

- Pronto? Vorrei prenotare un tavolo per quattro per domani verso l'una e mezzo.
- Mi dispiace molto, signora, ma domani a mezzogiorno abbiamo chiuso.
- Che peccato! Allora prenoto per dopodomani alla stessa ora.
- Anche dopodomani il ristorante è chiuso a mezzogiorno. Ma la sera è sempre aperto!
- La sera non è possibile … Allora dobbiamo cercare un altro ristorante. Grazie e arrivederci!

14.

a. Carissima Francesca, sono molto contenta di poter accettare il tuo invito e di poter venire alla tua festa: il 18 settembre per fortuna posso prendere un giorno di vacanza dall'ufficio perché la mia collega ritorna dalle vacanze già il 15. Che bello! Vengo molto volentieri! Per il momento arrivederci al 18!

b. Carissima Francesca, mi dispiace moltissimo di dover rifiutare il tuo invito e di non poter venire alla tua festa: il 18 settembre purtroppo non posso prendere un giorno di vacanza dall'ufficio perché la mia collega non ritorna dalle vacanze prima del 25. Che peccato! Sarei venuta tanto volentieri! In ogni caso buon divertimento!

15.

a. brevemente – meglio; direttamente – bene; buonissima **b.** gentile; difficile; certo; affettuoso

16.*

Milano, 30 marzo 19…

Carissima Maura,
non ci vediamo da molto tempo. Come stai? Io sto benissimo ed ho anche una bella notizia: mi sposo! La cerimonia è fissata per il 27 aprile prossimo, alle 10 e mezzo, nella chiesa di San Celso, in corso Italia.

Dopo la cerimonia festeggiamo al ristorante S. Lucia, che tu conosci certamente. Vorrei tanto avere anche te e Claudio con noi quel giorno! Per dormire non ci sono problemi: potete stare a casa dei miei genitori. Anche Claudio li conosce, no?
A proposito del mio futuro marito: si chiama Johann, ha 35 anni ed è tedesco, di Amburgo; è giornalista e lavora per la rivista «Stern». Proprio per il suo lavoro, dopo il matrimonio dobbiamo lasciare Milano e trasferirci (andare ad abitare) a Roma. Abbiamo già trovato un piccolo appartamento in via Stresa al numero 8, non lontano dal centro.
Purtroppo non possiamo fare il viaggio di nozze, perché prima di andare a Roma dobbiamo ancora organizzare molte cose... Certamente però andiamo in Germania in agosto e lì vogliamo visitare molti luoghi interessanti.
Aspetto una tua risposta che spero positiva. Vuoi telefonarmi o scrivermi? Tanti cari saluti a te, a Claudio e ai tuoi genitori.

17.

sta telefonando; stanno guardando la TV; sta prendendo il caffè; stanno parlando (discutendo); sta dormendo; sta aspettando; stanno ballando; stanno andando in vacanza (partendo per le vacanze); sta chiudendo il bar; sta aprendo la farmacia; sta facendo la doccia; sta mangiando (pranzando; cenando)

18.

a. 3. **b.** 5. **c.** 1. **d.** 6. **e.** 2. **f.** 4.

20.

a. Questa è ... **b.** Questo è ... **c.** Questo è ... **d.** Questi sono ... **e.** Queste sono ... **f.** Queste sono ... **g.** Questa è ... **h.** Questi sono ...

21b.

1. falso **2.** vero **3.** falso **4.** falso **5.** falso **6.** falso

21c.

Cara signora Mazza,
come sta? È da tanto tempo che non La vedo! Che fa di bello? Sarei così contenta di avere Sue notizie! Io sono stata in vacanza a Grado in giugno e sono passata a trovarLa a casa Sua, ma Sua sorella, con cui ho parlato, mi ha detto che quest'anno è andata in America! Beata Lei! Naturalmente vorrei sapere com'è stato. Sarei tanto contenta (lieta) di vederLa! (Sarebbe tanto bello vederLa; Sarebbe un piacere per me vederLa!) ...
In attesa di una Sua lettera o di una Sua telefonata, La saluto cordialmente.

22.

a. – E chi sono i Rossi? – Sono i miei amici di Roma che passano con me (con cui passo) il fine-settimana.
b. ... È il mio vicino di casa che gioca a carte con me (con cui gioco a carte).
c. ... È una mia amica che fa il corso d'inglese con me (con cui faccio ...).
d. ... È la collega che cerca casa con me (con cui cerco casa).
e. ... Sono i conoscenti che organizzano con me la festa di ... (con cui organizzo ...).
f. ... Sono gli studenti che studiano per l'esame con me (con cui studio per ...).
g. ... È il collega che esce con me stasera (con cui esco stasera).
h. ... Sono i vicini che vanno in vacanza con me/con noi (con cui vado/andiamo ...).

23.

a. 2. / 3. **b.** 1. / 4. / 5. **c.** 2. / 5. **d.** 1. / 3. **e.** 1. / 3. / 5. **f.** 1. / 2. / 4.

24.

1. per
2. auguri
3. mia (nostra)
4. cose
5. buona (bella)
6. in
7. del
8. trovato (conosciuto/ molti)

9. speriamo (non vediamo l'ora)
10. nostra
11. se
12. In
13. qualche
14. andiamo
15. fino alla
16. visitare
17. città
18. ritornare
19. miei
20. ai
21. a
22. cui
23. parlare (sentire)
24. nessuno
25. cui
26. leggere
27. quando
28. da parte di (da)

25.

a. … ha invitato anche me.
b. … vado a prendere anche lui.
c. … invito anche lei.
d. … porto a casa anche loro.
e. … vado a trovare anche lei.
f. … invito anche te.
g. … incontro anche loro.
h. … viene a prendere anche me.

26.

Tre giorni fa ho chiamato Lisa, la mia amica di Torino, quella con cui sono stata a scuola per tanti anni. Lei e Gino, suo marito, sono ritornati domenica dalle vacanze che quest'anno hanno passato in Calabria. Durante le vacanze hanno fatto un film e perciò hanno invitato Piero e me a guardarlo. Ci siamo andati ieri. Ho lavorato fino alle sei, poi Piero è venuto a prendermi in ufficio e siamo partiti. In questo periodo da noi c'è molta nebbia e inoltre sull'autostrada abbiamo avuto alcuni problemi con il motore: abbiamo dovuto aspettare l'ACI e siamo arrivati a casa di Lisa molto tardi.

27. [oo] *

a. – Pronto? Qui parla **la signora Müller.** Vorrei parlare con mio marito, se è possibile.
– Mi dispiace, signora. Suo marito non c'è: è uscito proprio adesso.
– Non fa niente, telefono più tardi, verso l'ora di cena, diciamo tra le 8 e un quarto e le otto e mezza.
– Va bene, signora.
– Ah, ancora un momento, per favore … sarebbe possibile lasciare piuttosto una **comunicazione**?
– Certo, signora.
– **Può dire che ho telefonato, che ho avuto problemi con la macchina che deve restare in officina fino a mercoledì e che per questo posso arrivare solo domani alle 18 con il treno da Monaco.**
– Tutto chiaro, signora.
– **… e che mi faccio sentire domani dalla stazione quando arrivo per sapere dove trovarlo.**
– D'accordo signora.
– La ringrazio! Arrivederci.
– Arrivederci.

b. – Buon giorno, il mio nome è **Gaspardi.** Il signor Hienz ha lasciato una comunicazione per me?
– … No, mi dispiace.
– Posso parlare con lui? C'è?
– Il signor Hienz in questo momento non è in camera. È uscito circa un'ora fa.
– Peccato! Vorrei lasciare una **comunicazione.** È possibile?
– Ma certo!
– Ecco: **può dire al signor Hienz che sono qui anch'io, che abito all'hotel Corso e che stasera vado a cena da «Baffo». L'aspetto là dalle nove in poi, altrimenti ci vediamo direttamente domani mattina al congresso.**
– Benissimo, signor Gaspardi.
– Grazie.
– Prego e arrivederci.

28 a. [oo]

– Pronto?
– Pronto, Elisa? Sono Daniela …
– Ah, ciao Daniela …
– Senti, ha telefonato Elio poco fa dall'autostrada. Sono partiti un'ora fa da Milano …
– E quando hanno detto che arrivano?
– Sono a casa all'ora di cena … Senti, cara, ma

perché non venite qui a mangiare qualcosa, niente di speciale, tanto per stare un po' insieme ...
- Ma sai, quando Gino ritorna da un viaggio è molto stanco e non ha più voglia di uscire.
- Ma dai! Forse cambia idea!
- Posso provare, ma Gino sta passando un periodo un po' difficile con il lavoro. La sera arriva mezzo morto, si mette davanti alla TV e non si alza più ...
- Ma domani è festa e può riposarsi ...
- D'accordo, vedo che cosa posso fare ...
- Bene, allora vi aspetto!

1. vero **2.** falso **3.** vero **4.** falso **5.** falso **6.** falso

28 b.*

1. Senti, Gino, Daniela ci ha invitato a cena. Vogliamo stare un po' insieme e chiacchierare ...
2. Ma oggi non ho più voglia di andare fuori (uscire). Sono stanco morto e sono stato insieme ad Elio tutta la giornata ... Vorrei guardare ancora il telegiornale ed andare a letto presto ...
3. Ma domani è festa e non devi alzarti presto ... Puoi riposarti ... È già tanto che non vedo Daniela ... Se andiamo da loro non devo preparare niente per cena ... E non è lontano ...
4. Allora va bene, ma solo se non ci restiamo tanto tempo ... Vorrei essere a letto prima di mezzanotte.

29 b.

- Pronto?
- Pronto, qui parla Singer . . .
- Oh, zia Christa, che piacere!
- Ah Tonino, sei tu! Ciao!
- Ciao! Un momento, ti passo la mamma. Saluti a tutti! ...
- Carissima Christa, come stai, dopo tanto tempo ...
- Bene, Agnese, e voi?
- Mah, così, così ... proprio ieri ti ho scritto una lunga lettera ...
- C'è qualcosa che non va?
- Mah, sì e no, sai ... Luigi, il lavoro ...
- È disoccupato?
- Per fortuna non ancora, ma da giugno in poi è senza lavoro, perché la sua fabbrica chiude.
- Oh! Quanto mi dispiace! Con la crisi che c'è molti chiudono ... E che cosa pensate di fare?
- Mah, per adesso Luigi cerca ancora qualcosa qui in Germania e se non trova proprio niente, pensiamo di ritornare in Italia, ma anche lì ci sono problemi, specialmente per il lavoro, la scuola ...
- Sì, lo so ... mi dispiace veramente moltissimo ... Ma senti: forse abbiamo ancora una buona occasione per parlare di questo problema con più calma. Ti telefono perché vorrei invitarvi alla Comunione di Giulia la settimana dopo Pasqua. Sarebbe tanto bello rivederci ...
- Oh sì, grazie dell'invito! Cerco di venire in ogni caso.
- Tu e Luigi potete dormire da noi e i bambini da mia madre.
- Benissimo! Stasera parlo con Luigi e domenica vi telefoniamo per una conferma. E voi, state tutti bene?
- Sì ... Thomas ha avuto una brutta influenza ed io ho avuto molto da fare in ufficio nell'ultimo periodo, ma adesso stiamo bene. La settimana passata abbiamo festeggiato il Carnevale con alcuni amici qui da noi. Ci siamo veramente divertiti.
- Anche i nostri bambini hanno fatto Carnevale, sono stati dai loro amichetti. Ma senti, Christa, adesso chiudiamo; ti chiamo domenica e ci mettiamo d'accordo. Va bene?
- Benissimo, Agnese, allora a domenica. Cari saluti a tutti e coraggio!
- Grazie, Christa, e ciao!

*

1. Li chiama per invitarli a Stoccarda.
2. Pensa di incontrarli a casa sua la settimana dopo Pasqua in occasione della Comunione di sua figlia Giulia.
3. Parlano della salute, dei problemi di lavoro, della chiusura della fabbrica in cui il signor Caruso lavora, della crisi economica, dei bambini, del Carnevale …
4. Dicono che adesso stanno bene. La signora Singer dice che suo marito ha avuto una brutta influenza …
5. La signora Caruso dice che suo marito da giugno in poi è senza lavoro, che la sua fabbrica chiude, che cerca ancora un lavoro in Germania, che pensano di ritornare in Italia se non trova niente … La signora Singer racconta che hanno festeggiato il Carnevale a casa sua con alcuni amici … La signora Caruso racconta che i suoi bambini hanno festeggiato il Carnevale dai loro amici …

30b.*

Questo non è un invito a nozze, ma la pubblicità di un istituto (un'agenzia) con l'aiuto del quale (della quale) è possibile trovare (che aiuta a trovare) il partner per la vita! L'Istituto ha dodicimila indirizzi di persone che cercano un partner / un marito / una moglie (fa dodicimila proposte matrimoniali). È la pubblicità di un'agenzia matrimoniale.

31b.

1. falso **2.** vero **3.** vero **4.** falso **5.** vero
6. falso **7.** vero **8.** falso **9.** vero

31c.*

La signora, che è professoressa ad un liceo di Amburgo, vorrebbe visitare Firenze con un gruppo di studentesse e con un'altra professoressa. Vorrebbe andarci dalla fine di settembre al nove ottobre. È già stata a Firenze in aprile e in quest'occasione ha fatto la prenotazione provvisoria alla pensione «Il Magnifico». Il 19 guigno poi ha mandato un acconto di duemila marchi alla banca della pensione e il 20 giugno scrive una lettera per confermare la prenotazione, per dare il numero definitivo delle persone del gruppo e per comunicare l'ora dell'arrivo.

32.

di; da; avuto (ricevuto); da; cui; stata; nel; scorso (passato); intenzione (voglia/deciso); passare (trascorrere); frequentare (fare); luogo; al; in; in (da; presso); Siccome (Dato che); soggiorno (viaggio); all'; a; senza; venuta; delle (alcune); questo; prezzo; problema?; Sperando (In attesa/Nella speranza); Sua; La

33.

Cara Giulia,
è già tanto tempo che (già da lungo) non ho tue notizie. (già da molto tempo non ho sentito niente da te; … non ti sei fatta sentire.) Come stai?
Io intanto ho superato (dato; fatto) l'esame d'interprete e vorrei festeggiare quest'avvenimento con tutti i miei amici! Questa sarebbe una buona occasione per rivederci finalmente. Puoi venire qui a Friburgo alla fine del mese? Anche da voi le vacanze all'università (universitarie) cominciano il prossimo mese, no? Naturalmente anche Enzo è invitato cordialmente (… anche per Enzo vale l'invito). Se avete voglia (Se vi va) potete restare qui per un periodo più lungo (per un po' di tempo) ed abitare nella camera di una mia conoscente che la settimana prossima va in Francia per qualche tempo.
Dato che (Siccome) cerco un lavoro in Italia ritorno con voi (o con te) a Milano. (Se venite in treno possiamo ritornare con la mia macchina.)
Puoi guardare già adesso sul giornale se c'è qualche posto per interpreti (tedesco e fran-

cese) in una ditta o in un'agenzia turistica (viaggi)? Sarebbe tanto bello stare vicino a voi (starvi vicino/a)!
Se vieni possiamo chiacchierare molto. Vorrei festeggiare (fare la festa) il 28 o il 30 con almeno 25 persone (alcune sanno l'italiano!).
Se non ti fai sentire entro il (fino al) venti, telefono la sera del venti (il venti in serata) ai tuoi genitori. Ma spero tanto di avere (ricevere) già prima tue notizie (ed una risposta positiva!). Non vedo l'ora di rivederti! Cari saluti e a presto!

Unità 10

2.

a. Ti; offrire (dare / fare) – Accetto; sete – prendi (bevi) – La
b. Vi – lo; me – prendi (bevi); di – caldo – mi
c. faccio (offro / preparo / va) – prendo; freddo – faccio (preparo / offro); caldo (forte)
d. prendiamo; ti – (molto) volentieri – preferisci – Ho

3a.

a. b. e. f. g. i.

3b.

a. b. e.

4.

a. falso **b.** falso **c.** vero **d.** falso **e.** falso
f. vero **g.** falso **h.** falso

5.

a. – Ti offro un'aranciata? – … la …
b. – Le offro un cappuccino? – … lo …
c. – Le offro un tè? – … lo …
d. – Ti offro una pizza? – … la …
e. – Ti offro un aperitivo? – … lo …
f. – Le offro un minestrone? … lo …
g. – Le offro un'acqua tonica? – … la …
h. – Le offro una mozzarella? – … la …

6.

a. Le – la; mi; La – la **b.** ci – vi – lo – mi; lo
c. Ti – Mi; lo – lo; la **d.** Ti – Le – li – La
e. le – La – La (L')

7.

a. La; incontrarLa; Le; La; prenotarLe; prenderLa; Le

b. Cara (Gentile) signorina Gianna, La (L') aspetto domenica all'una. Vorrei prepararLe qualcosa di speciale … Le va? Se lo desidera, possiamo passare a prenderLa …

c. Cara (Gentile) signorina Paola, Le ho telefonato anche stamattina, ma non La raggiungo mai. Adesso la Sua macchina è a posto: ho dovuto solo cambiare l'acqua e l'olio. Deve controllarli un po' più spesso! Le ho parcheggiato la macchina a casa e ho lasciato le chiavi a Sua madre. La passo a prendere domani, come daccordo. Arrivederci!

d. … speriamo di averLa presto da noi e non vediamo l'ora di rivederLa. Le auguriamo un felice 1986! Cordiali saluti

8. *

– Allora, che cosa facciamo di buono per pranzo? Una bella pastasciutta con funghi freschi e carne?

- *Se non Le dispiace, con questo caldo non vorrei mangiare pastasciutta. (Con questo caldo la pastasciutta non mi va). E non mangio mai molto a pranzo.*
- Capisco! E poi ha ragione: con questo caldo! No, no, Le preparo qualcosa di più leggero. Non so, vediamo ... stasera magari mangiamo qualcosa di più, ma per pranzo possiamo fare una fettina con un'insalata, e tanta frutta. – E poi ho un ottimo vino bianco.
- *Una fettina con insalata va molto bene, signora! Ma preferisco non prendere vino (alcoolici) a mezzogiorno ...*
- Ma guardi che è un vino molto leggero. È un pinot grigio delle nostre parti. Lo fa un conoscente di mio marito. È un vino molto poco alcoolico.
- *Allora almeno lo provo, anche perché non lo conosco. Ma vorrei aiutare un po' in cucina ... posso preparare l'insalata ... così vedo anche come si cucina in Italia!*
- Oh grazie, così finiamo prima, possiamo riposarci, e poi ritornare alla spiaggia!

10 a.

- Ah, sei già qui?
- Certo che sono qui. Sono le otto e mezzo.
- Accidenti. Stavo lavorando e ... non ho guardato più l'orologio.
- E che cosa hai preparato per cena?
- Per cena?
- Come «Per cena?»
- Non ho preparato niente. Non ne ho avuto il tempo.
- E io lavoro tutto il giorno, arrivo a casa e non c'è niente da mangiare!
- Eh, anch'io lavoro tutto il giorno!! Perché non hai pensato tu alla cena?
- Hai fatto la spesa?
- Ti ho detto: non ho avuto tempo. Ho lavorato fino ad adesso e non ho ancora finito. Domani ho l'esame e non ho né tempo né voglia di pensare alla cena.
- E adesso io che cosa faccio?
- Non lo so. Ti puoi preparare qualcosa o andare alla pizzeria qui sotto.

1. falso **2.** vero **3.** falso **4.** vero **5.** vero
6. falso **7.** falso **8.** vero **9.** vero **10.** vero

10 b.*

1. Gino ha lavorato tutto il giorno, torna a casa alle 8 e mezzo, è stanco, ha fame, ma Caterina non ha preparato niente per cena e non ha neanche fatto la spesa.

2. Caterina ha lavorato tutto il giorno per l'esame di domani e non ha ancora finito. Non ha avuto il tempo di fare la spesa e di preparare la cena. È nervosa e certamente ha fame anche lei.

3. Gino: Ma sono troppo stanco per preparare la cena e non c'è quasi niente in casa!
Caterina: Allora telefoniamo alla pizzeria e ci facciamo preparare due pizze. Le vai a prendere tu e mangiamo qui insieme ...

11.

a. 2. **b.** 7. **c.** 4. **d.** 5. **e.** 3. **f.** 1. **g.** 6.

12.

a. gli **b.** ti – mi **c.** Le – le **d.** gli **e.** le
f. domandarLe – Le

13.

a. Potete portarlo alla stazione? **b.** Lo vorrei chiamare oggi. **c.** Potete mangiarle, sono buone! **d.** Mi puoi preparare un tè? **e.** Devo telefonarle domani. **f.** Le posso offrire un gelato? **g.** Vorrei domandarLe una cosa. **h.** Ti devo aspettare qui?

14.

a. Le puoi ... (Puoi prepararle ...)
b. Gli puoi ... (Puoi preparargli ...)
(Puoi preparare loro ...)
c. Gli puoi . . (Puoi preparargli ...)
d. Mi puoi ... (Puoi prepararmi ...)

e. Le puoi … (Puoi prepararle …)
f. Gli puoi … (Puoi preparargli …) (Puoi preparare loro …)
g. Mi può … (Può prepararmi …)
h. Ti puoi … (Puoi prepararti …)

15.

a. Dice che i colleghi tedeschi lo chiamano «der Italiener».
b. Dice che i suoi genitori la portano a scuola in macchina.
c. Dice che l'Italia le piace.
d. Dice che si alza alle 7.
e. Dice che qui tutti la conoscono.
f. Dice che la signora Müller gli dà lezioni di tedesco.
g. Dice che Pino le telefona ogni giorno.
h. Dice che insieme a Carlotta si sente bene.
i. Dicono che la loro figlia gli ha fatto un bel regalo.
j. Dice che Toni gli ha telefonato ed è venuto a prenderlo.

16.

a. – Gli piace il brodo? – Sì, gli piace, lo prende volentieri.
b. – Gli piacciono i tortellini? – No, non gli piacciono, non li mangia mai.
c. – Gli piacciono le carote? – No, non gli piacciono, non le mangiano mai.
d. – Le piacciono i crauti? – Sì, le piacciono, li prende (mangia) volentieri.
e. – Gli piace il caffè tedesco? – No, non gli piace, non lo prendono mai.
f. – Gli piacciono le lasagne? – Sì, gli piacciono, le mangia volentieri.
g. – Ti piace la birra italiana? – Sì, mi piace, la prendo volentieri.
h. – Gli piace la polenta? – No, non gli piace, non la mangiano mai.
i. – Le piacciono le olive? – No, non mi piacciono, non le mangio (prendo) mai.
j. – Le piacciono i vini francesi? – Sì, le piacciono, li prende (beve) volentieri.

17.

Il mio amico si chiama Piero. Lo incontro quasi ogni giorno, ma non gli posso mai parlare (non posso mai parlargli), perché (lui) è sempre occupato. Oggi gli ho telefonato per dirgli che domani c'è la festa di Nina, un'amica mia e sua. Sua madre ha detto che (lui) non è in città ma che posso trovarlo (che lo posso trovare) stasera all'ora di cena a casa sua. Ma forse è meglio chiamarlo domani in ufficio.

18 a.

1. Teresa parla di Gianni **2.** Gianni parla di Marco **3.** Marco parla di Teresa

18 b.*

1. Gianni Maghi ha frequentato il liceo fino alla maturità. Poi ha studiato geologia all'università. Adesso ha 36 anni, è sposato, ha figli e lavora in un ufficio in centro. Va al lavoro in macchina insieme a un suo vicino, l'architetto Marco Vattimo, che lavora vicino al suo ufficio: un giorno ci vanno con la sua macchina e un giorno con la macchina del signor Vattimo. Così risparmia benzina e sua moglie ogni due giorni ha la macchina a disposizione.
   La signora Maghi non lavora più, ma fa spesso la baby-sitter per i bambini di una vecchia conoscente di suo marito con cui lui è andato al liceo fino alla maturità e con cui adesso è nel «Consiglio dei genitori», perché i loro figli vanno nella stessa scuola.
2. Marco Vattimo è architetto. Ha un ufficio di architettura in centro e ci va in macchina con un suo vicino di casa, il geologo Gianni Maghi, che lavora vicino al suo ufficio: un giorno viene a prenderlo Gianni e un giorno va lui a prendere il suo vicino. Così ogni due giorni può lasciare la macchina alla sua ragazza Gea con cui vive. Nel suo ufficio per molti anni ha lavorato la grafica Teresa Stulle con cui è restato in contatto.

3. Teresa Stulle ha frequentato il liceo con Gianni Maghi. Dopo l'esame di maturità non ha studiato all'università, ma ha fatto un corso di grafica e ha cominciato a lavorare molto presto. Prima di sposarsi ha lavorato per molti anni nell'ufficio dell'architetto Marco Vattimo. Poi ha lasciato il suo posto di lavoro e si è occupata dei suoi due bambini. Da qualche tempo ha ricominciato a lavorare in un'altra ditta, perché i suoi figli vanno già a scuola. Di solito lavora solo la mattina, ma due volte alla settimana è occupata anche il pomeriggio e allora lascia i bambini alla moglie di Gianni Maghi. Le due famiglie sono molto amiche. Teresa fa un corso di ginnastica con la moglie di Gianni e a lui telefona spesso, perché sono insieme nel «Consiglio dei genitori» della scuola. Teresa è restata in contatto anche con l'architetto Vattimo: ogni tanto fa qualche lavoro per il suo ufficio e conosce anche bene la sua ragazza.

19 b.

Giulia scrive a Gino che le dispiace, ma che adesso deve andare via. Gli scrive che gli ha preparato qualcosa da mangiare che è in cucina sulla tavola. Gli domanda dov'è stato oggi pomeriggio e racconta che l'ha cercato in ufficio e che gli ha telefonato da sua madre, ma che non l'ha trovato.

20.

a. gli; telefonarmi; mi **b.** Ci – vi – la (mi); farle (farmi) – lo **c.** visitarla; le; comprarla; prenderla **d.** mi; ci; Ti – vi (ti) – lo; chiamarla; domandarle; telefonarle **e.** gli; ci; si; ci **f.** Le – mi; lo; finirlo; La – la **g.** gli; gli

22 b.

1. no **2.** no **3.** sì **4.** sì **5.** sì **6.** no **7.** no **8.** sì **9.** no **10.** sì **11.** sì **12.** sì **13.** sì **14.** sì **15.** sì **16.** no **17.** no **18.** sì

23 b.

1. L'ho conosciuto alcuni anni fa a Roma durante un congresso politico e dopo alcuni mesi l'ho rivisto a Milano, per caso, durante un viaggio di lavoro. È un tipo molto simpatico e si occupa anche lui di politica da molti anni. Con lui si può discutere per ore e ore e non l'ho mai visto calmo e senza problemi. Per un certo tempo ha avuto una ragazza molto simpatica – l'ho conosciuta anche io – ma poi lei l'ha lasciato perché – mi ha detto – lui è un tipo troppo caotico. L'ho incontrato l'ultima volta un mese fa: l'ho trovato molto giù, perché con il lavoro non va molto bene e anche la sua attività politica è in crisi. Forse è un tipo troppo problematico, ma spesso si ha bisogno di un amico così. Io l'ho accettato così com'è, anche se non l'ho ancora capito completamente.
2. Ci siamo conosciute al mare dove siamo state invitate da amici, e poi l'ho incontrata di nuovo in centro dove lavora in un negozio di moda. È molto gentile e con lei ci sto volentieri: parla poco e sa ascoltare. È sempre calma, non l'ho mai vista in crisi. Per un certo tempo ha avuto un ragazzo, sono stati insieme, ma per poco: lui l'ha lasciata perché dice che è poco interessante. Il giorno dopo l'ho vista in centro, calma e senza problemi, come sempre. Forse non è un tipo molto «interessante», ma qualche volta si ha bisogno anche di un'amica così.

24.

a. lei **b.** L' – l'; lui **c.** loro – gli **d.** Gli – loro; l' **e.** ti – mi; me **f.** lui – Gli; noi (me) **g.** Gli – lui (lei); lei (lui) **h.** lui

26 b.*

1. L'articolo parla del carnevale a Colonia, della cucina tedesca (specialità di Colonia), dà informazioni sul viaggio dall'Italia (voli, treni) e sulla prenotazione di camere e dice anche qualcosa sulla città.

2. Descrive l'ultima settimana del carnevale di Colonia: il periodo dalla Weiberfastnacht (giovedì grasso) al mercoledì delle Ceneri.

3. No, questa tradizione non è conosciuta in Italia.

4. Dice che
- con questa giornata comincia il finale del carnevale
- la giornata si apre nell' Alter Markt
- in questo giorno il borgomastro dà le chiavi della città alla triade del carnevale (Principe, Vergine e Contadino)
- è un giorno tutto per la donna
- le donne in questa giornata possono fare di tutto
- la canzone delle donne è «amiamoci tanto per questi tre giorni»
- dopo questa giornata ogni anno molti matrimoni vanno in crisi...

5. Dice che non c'è solo un'atmosfera di allegria, ma anche un'atmosfera un po' malinconica come all'Oktoberfest di Monaco... «Per me...»

6. Gli «improvvisati umoristi» sono persone che nella vita di ogni giorno hanno un'altra professione, ma che per carnevale si improvvisano umoristi (sono umoristi non di professione, ma solo nei giorni di carnevale). Cercano di divertire il pubblico raccontando storie divertenti in poesia e prosa, fanno scherzi parlando di cose attuali, politiche e no. In Italia non esistono, anche perché il carattere del Carnevale è diverso.

7. «A Carnevale ogni scherzo vale» vuol dire che a Carnevale si può fare quello che si vuole, quello che durante il resto dell'anno non è possibile fare. «Per me...» «Secondo me...»

8. In Germania ci sono «Muuzemändelchen, Krapfen, Berliner, Faschingsküchle...»

9. Il programma è molto ricco e permette di passare giorno e notte in giro: ci sono le «Sitzungen», il corteo ufficiale del «Rosenmontag» e tante altre feste. I locali (i «Kneipen», le «Weinstuben»...) sono sempre aperti (24 ore su 24).

10. La giornalista parla dei «Kneipen» dove si possono avere i piatti tipici della città: polpettine, «Sauerbraten», stinco di maiale con crauti e patate. Fa la proposta di provare questi piatti semplici e robusti e di evitare i ristoranti costosi. Per chi ha soldi dà il nome di alcuni ristoranti in cui la cucina è eccelente (Senats-Hotel ecc.)

11. Sì. Da Milano ci sono più voli al giorno e molti viaggi in treno. Per questi ultimi c'è «L'Agenzia Transalpino di Milano».

12. Sì. L'agenzia Transalpino di Milano offre anche un servizio specializzato per la prenotazione di camere. A Colonia il turista può andare all'Ufficio Turistico di fronte (vicino) al Duomo.

13. L'articolo dice che la città ha duemila anni, che ci sono molte chiese romaniche e molti tesori archeologici romani, che c'è la cattedrale gotica e il famoso museo Wallraf-Richartz (la più grande collezione europea di opere pop).

14. freie Antwort

15. In Italia c'è il famoso Carnevale di Venezia, il carnevale di Viareggio, quello di Ivrea... ecc. In Svizzera c'è il Carnevale di Basilea... ecc.

16. Aspetti positivi: la gente ha l'occasione di stare insieme in allegria... ecc. Aspetti negativi: si consuma troppo alcool... ecc.

27 b.

Il signore ha invitato a cena il suo grande amore. Lui non è più tanto giovane mentre lei è bella e affascinante. I due sono a tavola e parlano, o meglio: lui parla e lei ascolta. Lui le fa mille complimenti e intanto il cameriere porta il menù. È lei che decide il menù e prende tutto quello che preferisce. Arriva l'antipasto, il primo e il secondo (con contorno). Mentre lui la guarda non può pensare ad altro. Passano una bella serata e sono molto contenti della cena che è veramente ottima. Lui le parla del suo amore e del loro futuro: le vuole offrire una vita di lusso senza problemi e pensieri. Per lei sarebbe contento di andare in rovina: gli basta vederla felice. Lei lo guarda, ascolta e mangia e lui continua a parlare. Bevono il caffè e poi, mentre finiscono l'ultima sigaretta, arriva il cameriere con il conto: lui lo prende, lo legge e controlla e resta senza parole: è veramente fuori di sè e non pensa più all'amore, ma solo al conto con tanti zeri! Morale della storia: tra il dire e il fare c'è di mezzo il mare. E in questo caso: parole e fatti sono due cose diverse.

29.

a. … di dargli una mano. **b.** Posso darLe una mano … **c.** … da darci una mano? **d.** E perché non gli dai una mano? **e.** … bisogna darle una mano. **f.** Puoi dargli una mano a … **g.** … Dobbiamo darle una mano! **h.** Vorrei darvi una mano … **i.** … Può dargli (Gli può dare) una mano? **j.** Ma certamente Le dò una mano …

30.

vuoi; metterli – li; sulla; vanno – te – accendere; prendere; in – vieni; faccio

31.

a. – Ti serve … ? – Ne ho bisogno … – … la puoi tenere … A noi occorre …
b. – Le servono … ? – Ne ho bisogno … – … li può tenere … A lui occorrono …
c. – Gli serve … ? – Ne ha bisogno … – … la può tenere … A me occorre …
d. – Ti serve … ? – Ne ho bisogno … – … la puoi tenere … A lei occorre …
e. – Le servono … ? – Ne ha bisogno … – … li può tenere … A me occorrono …
f. – Gli serve … ? – Ne hanno bisogno … – … lo possono tenere … A lui occorre …
g. – Le servono … ? – Ne ho bisogno … – … li può tenere … A me occorrono …
h. – Le serve … ? – Ne ha bisogno … – … la può tenere … A me (te) occorre …

32.

successo – a; uno; mi; nessuno; metterlo; ne; vengono (ho invitato) – mi; esserti; guasto; ripararlo; mano; ne – facciamo

Per venerdì sera Nora ha invitato ospiti. Vengono a cena. Ma venerdì pomeriggio, mentre lavora (sta lavorando) in cucina, il frigo comincia a fare uno strano rumore e poi non va più. Naturalmente non trova più nessuno per metterlo a posto. Giacomo le offre il suo aiuto: vuole cercare il guasto e provare a ripararlo. Se non trova il guasto vuole chiedere a Bruno di dargli una mano (aiutarlo).

33.

letto; sciopero; di; in; Dalle; alle; mezzi – Sto – passaggio; parti; esco (vado via); me – devo; delle – cosa – da; ti; per; idea; parlarne; prestare (dare); ne; è

35.

a. Sbriga le tue cose e ritorna presto! **b.** Telefona all'agenzia e prenota una stanza!
c. Chiudi la porta! **d.** Chiama Teresa!
e. Avvisa i Rossi! **f.** Parti per le vacanze in settembre!

36.

I miei mi dicono sempre «Sei troppo piccolo per parlare con noi di alcune cose», ma io non ci (*oder:* lo) credo. Ne ho parlato con loro, ma loro non vogliono sentire parlarne (non ne vogliono sentire parlare). Gli ho detto che sbagliano con i miei fratelli e con me, ma loro non vogliono capirlo (non lo vogliono capire). Forse reagiscono così perché non hanno tempo di pensarci. Non è facile capirli: io quasi quasi ho rinunciato a capirli. Loro credono che noi siamo ancora piccoli, ma io ho 14 anni, mio fratello ne ha 12 e mia sorella ne ha 9.

37.

a. ne; lo – ci **b.** l'; ne; ne **c.** ne – ne; ne – ne; ti; farle – lavorarci **d.** ci; ne; la; ne **e.** ne **f.** ci – ci; ci

38.

a. lascia **b.** esci e vai (va') **c.** Prendi **d.** Decidi **e.** fai (fa'); perdere **f.** Aspetta; Bevi – Guarda **g.** dormi – resta **h.** dai (da'); pulisci (fa')
i. Senti – finisci; passa

40 a.*

1. vero **2.** falso **3.** vero **4.** falso **5.** vero
6. vero **7.** falso **8.** falso **9.** falso

40 b.*

1. – Pronto, Maurizio?
– Ah, Giancarlo! Cosa c'è?
– Senti, tu e Paola avete voglia di venire a cena da noi stasera?
– Molto volentieri! A che ora veniamo?
– Verso le 8, va bene?
– Benissimo! E possiamo portare qualcosa?
– Mah, se avete ancora di quelle cipolline dell'altra volta ... sai, mi piacciono tanto.
– Va bene! Chiedo a Paola se ne ha ancora! Allora a stasera e grazie dell'invito!
– Ciao!

2. – Senti, mamma, Maurizio ed io stasera andiamo a cena da Giancarlo. Sai che gli piacciono tanto le cipolline, ma io, purtroppo, non ne ho più. Hai tu ancora una delle tue conserve «Quattro stagioni» da darmi? Sarebbe tanto bello ...
– Ma certo! Io ne ho sempre in casa. A che ora volete passare a prenderla?
– Passiamo a casa tua prima di andare da Giancarlo, verso le otto meno un quarto, va bene?
– Sì. Io ci sono. Allora a stasera!
– Ciao mamma e grazie!

41.

1. chiamo **2.** da **3.** devo (posso) **4.** a **5.** i miei **6.** abita (vive) **7.** aiutato/a **8.** in **9.** mai **10.** lavare **11.** dopo **12.** niente (nulla) **13.** gli **14.** ci **15.** li **16.** mio **17.** stato **18.** detto (pensato) **19.** comprato **20.** risolto **21.** questo **22.** chiama **23.** di **24.** in **25.** gli **26.** passare (trascorrere) **27.** lui **28.** fa **29.** di **30.** al **31.** mi **32.** di

42 a.

– Posso aiutarLa?
– Oh, meno male! Lei parla italiano!
– Sì, un po'! Che cosa posso fare per Lei?
– Devo andare all' «Arbeitsamt». Mi sa dire come ci posso arrivare? Sa, io qui non conosco niente ...
– Devo andare anch'io da quelle parti ... Ho la macchina parcheggiata qui all'angolo. Se vuole, Le posso dare un passaggio.
– La ringrazio, accetto molto volentieri, Lei è molto gentile. Mi deve proprio dire dove ha imparato così bene l'italiano!

1. falso **2.** vero **3.** falso **4.** falso **5.** vero **6.** falso

42 b.*

In una città tedesca c'è un italiano che cerca l' Arbeitsamt (l'ufficio collocamento), forse perché cerca lavoro (è disoccupato). Poiché (Dato che; Siccome) lui non sa la strada (non conosce bene la città) e non sa parlare tedesco, è molto contento di incontrare un signore tedesco che sa parlare italiano e che lo aiuta. Il signore tedesco è veramente gentilissimo e gli dà un passaggio in macchina fino all'Arbeitsamt (all'ufficio collocamento).

43 a.

– C'è bisogno d'aiuto?
– Eh, sì ... qui c'è questo signore che vorrebbe telefonare e io sto cercando di dirgli che qui non si può, ma lui non parla una parola d'italiano e io non lo capisco ...

- E di dov'è il signore?
- È tedesco …
- Bene, se vuole, posso dirgli io …
- Ah, Lei parla tedesco?
- Sì, io sono tedesca!
- Che fortuna, allora può dirgli che per telefonare deve andare in un altro bar o forse meglio ancora alla SIP in piazza S. Giacomo?
- Certo, lo faccio volentieri.
- Grazie, e poi offro a tutti e due un caffè!

1. falso **2.** vero **3.** vero **4.** vero **5.** falso **6.** falso

43 b.*

In un bar italiano c'è un signore tedesco che vorrebbe telefonare. Ma in questo bar non c'è un telefono pubblico (a scatti). Il barista cerca di dirlo al signore, ma non è possibile perché questo signore non capisce l'italiano. Per fortuna nel bar c'è anche una signorina tedesca che sa parlare italiano e gli dice che per telefonare deve andare in un altro bar (con un telefono pubblico) o alla SIP in piazza San Giacomo.

44 b.

- Allora, facciamo così: gli Schwarze vanno con Robert e Caterina …
- Ma no, senti Inge: è meglio se loro vengono con noi: loro sono in tre e la loro macchina è più grande.
- Bene, allora: con Robert possono andare gli Esposito, dato che stanno anche loro da quelle parti. Ne hai già parlato con Robert?
- No, lui non ne sa ancora niente. Ma ho parlato con Caterina e lei ha detto che è daccordo.
- E Ute? Non viene?
- No, lei va a sciare con Klaus. Partono domani o forse sono già partiti oggi, non lo so. Bene: io cerco di parlare con Robert e agli Schwarze, ci pensi tu?
- Sì, spero di trovarli, sennò gli lascio un bigliettino. A che ora pensi di partire?
- Mah, due ore prima dell'inizio della partita.
- E per il ritorno?
- Vediamo quanto traffico c'è in autostrada. Forse si può passare la serata a Colonia, se gli altri ne hanno voglia.

44 c.*

Inge scrive un biglietto alla signora Schwarze: Domenico ha trovato ancora alcuni biglietti per la partita di sabato prossimo. Ci possiamo andare con la vostra macchina? Naturalmente possiamo andarci anche con la nostra, ma la vostra è più grande e siete in tre …
Vengono anche Robert e Caterina che possono andare in macchina con gli Esposito dato che abitano vicino a casa loro … Vogliamo partire due ore prima dell'inizio della partita, forse possiamo incontrarci tutti a casa nostra? Per il ritorno non abbiamo ancora deciso: se c'è molto traffico forse è meglio passare la serata a Colonia … In ogni caso dobbiamo metterci d'accordo. Siamo a casa domani dalle 5 in poi e prima è possibile raggiungere Domenico in ufficio (numero …..). Domenico cerca di parlare oggi con Robert. Allora a domani! Inge

45 b.

- Bene, esci adesso?
- Sì, alle nove devo essere in ufficio … dunque, per stasera facciamo così, ci incontriamo in centro al bar vicino al mio ufficio …
- Ma tu dov'è che lavori esattamente?
- Guarda, è facilissimo: tu prendi il tram numero 13 …
- Il 13? Qui giù all'angolo, no?
- Sì, è quello che va in centro e tu vai proprio fino all'ultima fermata e poi … conosci quel bar … si chiama «Bar al Duomo». È proprio lì alla fermata. Scendi dal tram e lo vedi. Capito?
- Chiaro.

- Bene, tu vai lì e mi aspetti. Alle 6.
- Alle sei ... ma io non so se arrivo a essere lì alle 6, perché vorrei sbrigare alcune cosette in centro e poi andare in libreria ... senti, facciamo un po' più tardi?
- Alle 6 e mezzo? Va be', posso fare un po' di straordinario ...
- Mai sei sicura che il bar oggi è aperto?
- Ma sì, oggi è lunedì: tutti i lavoratori ci vanno a prendere un caffè nella pausa ...
- Bene, allora ci incontriamo lì alle 6 e mezzo, e poi? Che cosa facciamo?
- Ti voglio portare da «Pizza Gulp», è una pizzeria molto in ordine, insomma. Ci fanno una pizza molto buona, non so se ti piace ... al trancio.
- E che cosa vuol dire «al trancio»?
- Cioè non ti danno una pizza tutta per te, ma fanno una pizza grandissima e poi la tagliano in tanti pezzi e ognuno ne riceve un pezzo.
- Ah, interessante!
- È la stessa per tutti, ma siccome è così buona, veramente, bisogna provarla. Mettono su tanto formaggio e a me piace molto.
- Se a te piace, allora proviamo! È vicino al tuo ufficio?
- Sì, facciamo cinque minuti a piedi e ci siamo ... e dopo possiamo andare al cinema.
- Ah, e che cosa c'è di bello? Hai già guardato il programma?
- Sì, dunque, ho visto che all'Apollo danno un film che deve essere molto bello; si chiama «giochi di guerra». È un film americano. Ho sentito che è molto bello. Ci vorrei andare.
- Ah, bene.
- Ma ti interessano i film di questo genere?
- Sì, qualche volta, ma sai ... danno anche film italiani? Siccome sono qui solo per pochi giorni, vorrei vedere un film italiano, perché da noi non ne arrivano quasi mai ...
- Ma certo ... è uscito proprio pochi giorni fa l'ultimo film di Fellini ... aspetta, guardiamo sul «Corriere» ... ecco è al «Capitol». Però dobbiamo prendere il tram, sono due o tre fermate.
- Non fa niente. E a che ora comincia?
- Qui c'è scritto «inizio ore 20^{30}», sennò il prossimo è alle 10 e un quarto.
- Beh, se ci incontriamo alle 6 e mezzo ...
- ... possiamo andarci alle 8 e mezzo.
- Bene, allora siamo daccordo. In ogni caso, mi dai il numero di telefono del tuo ufficio ... se c'è qualcosa, ti chiamo. Tu ci sei tutto il giorno, vero?
- Sì, solo vado a casa all'ora di pranzo, ma altrimenti mi trovi. Hai qualcosa per scrivere?
- Ecco. Allora?
- 4872039.
- Grazie Laura, buon lavoro e a stasera.
- Ciao, a stasera.

*

Prima (alle sei e mezzo) si incontrano al «Bar al Duomo», poi vanno alla pizzeria «Pizza Gulp» a prendere un pezzo di pizza. Dato che è vicina ci vanno a piedi. Dopo (alla fine) vogliono andare al cinema «Capitol» a vedere un film di Fellini. Il film comincia alle 8 e mezzo e ci vanno in tram.

45 c.*

La pizza da «Gulp» è una pizza grandissima di cui ognuno riceve un pezzo, è una pizza «al trancio».

Kathrin preferisce vedere film italiani.

Le chiede il numero del suo ufficio per poterle telefonare (poter telefonarle) in ogni caso (se c'è qualcosa).

Transferübungen zu Unità 8–10

1.

- Vorrrei delle fragole, per favore …
- Oh, signora, mi dispiace, ma non ne abbiamo. Se vuole, La posso far provare delle ciliege veramente buonissime.
- A quanto vengono?
- A 4000 lire al chilo …
- Ma che prezzi …
- Sa, sono le prime … sono veramente dolcissime. O vuole delle pesche?
- No, no … mi può dare invece un chilo di quelle mele lì.
- Subito, signora …

- Ah, signora Marchiò, già di ritorno dalle vacanze?
- Eh sì, sono passate troppo presto. E voi? Non avete chiuso quest'anno?
- Purtroppo solo alcuni giorni, verso ferragosto … allora, che cosa Le dò?
- Mi serve del riso, ne ha di quello solito?
- Sì, una confezione di un chilo, Le va bene?
- Sì, e poi mi dà degli spaghetti …
- Quali preferisce?
- Mi può dare quelli numero 2.
- Le occorre nient'altro? Abbiamo dell'olio veramente buonissimo …
- Ne ho ancora a casa … ma invece mi può dare 200 grammi di olive verdi … . Può prepararmi tutto? Io intanto vado a prendere il pane e poi la carne qui nella macelleria all'angolo.
- D'accordo, signora.

- Buongiorno. Un chilo di panini, per favore.
- Quali vuole?
- Quelli lì in alto a sinistra … Quant'è?
- 1450 lire.
- Ecco, grazie.
- Grazie a Lei. Buongiorno, signora.

- Bentornata, signora Tina!
- Ah buongiorno, signor Giovanni, come sta?
- Si fa quello che si può … che cosa desidera?
- 4 fettine di vitello: oggi ho i ragazzi a pranzo.
- Eccole qui, belle magre. Vanno bene?
- Benissimo.
- E che cosa Le posso dare ancora?
- Basta così, grazie. Ho molta fretta. Devo passare ancora dal salumiere e al negozio di alimentari.

- Allora, signora, ecco qui le due mozzarelle e due etti di salame.
- Grazie, e sarebbe così gentile da darmi un quarto di prosciutto?
- Cotto o crudo?
- Crudo. Di quello lì.
- Benissimo. E perché non assaggia il nostro Gorgonzola?
- Mah, veramente …
- Senza impegno, signora. Le dò questo pezzettino …
- È veramente buonissimo, ma ne prendo un'altra volta.
- Bene. Tutto a posto, signora?
- Va benissimo, grazie.

a. La signora Marchiò compra un chilo di mele, un chilo di riso, degli spaghetti numero 2, 200 grammi (due etti) di olive verdi, un chilo di panini, 4 fettine di vitello, due mozzarelle, due etti di salame e un quarto di prosciutto crudo.

b. Non trova fragole.

c. Sì: compra mele (invece di fragole) ed olive verdi.

d. Non è passata al supermercato, alla pulitura, al mercato ed in farmacia.